小越建典［著］　中里裕司［監修］

4コマで日本史
日本をみなおす**50**の視点

山川出版社

はじめに

「日本史を端的なビジュアルストーリーでみせられたら面白いのではないだろうか？それも４コマで！」

　本書は、著者である小越さんのそんな発想をきっかけにスタートしました。長年にわたって高校日本史の教育現場で指導にあたり、教科書や参考書をはじめとする様々な日本史書籍の編集にも携わってきた経験から監修を担当することとなりましたが、私にとっても新しい切り口の取り組みとなり、面白い挑戦だと思いました。

　当初、エンタメ寄りの企画ではあったものの、歴史専門書の出版社である山川出版社で刊行するとあって、歴史の記述に関してはある程度の水準を保つ必要があるだろうと考えました。説明のわかりやすさや親しみやすさと、歴史学としての学問的な厳密さとのバランスをどうとっていくのか。それが今回の監修をしていく上で特に悩ましい部分でした。歴史用語一つ一つには、研究によって積み重ねられてきたかなり厳密な定義が含まれていることも多く、それをわかりやすく親しみやすい表現で表そうとしたとき、どの程度の表現までを許容範囲とするのか。そのような点も検討しつつ、小越さんの表現したい思いを尊重しながら調整を重ねて刊行に至りました。

　本書は、ビジュアルストーリーで端的に日本史の一部に触れることができるという点で、これまであまり日本史に関心がなかった方にも手に取りやすいものになっているのではないかと思います。この本をきっかけに好きな分野を見つけて、より詳しく知りたいと思う読者の方がいらっしゃれば幸いです。また、歴史の学びを通して、これからの社会を考えるひとつの材料にしていただけることを願っています。

中里裕司

日本の歴史と文化、端的に語れますか?

日本ってどんな国?

そんな質問に、みなさんはどのように答えるでしょうか。外国人とコミュニケーションするにも、私たち自身の未来を議論するにも、自国の歴史や文化を話し合うことが役に立ちます。

そのためには、歴史を暗記しているだけでは不十分でしょう。まず、自分なりの視点で歴史をよく理解していなければ、他の人がわかるように語ることはできないからです。

本書では、歴史を知っていただくだけでなく、その知識を活用できるよう「消化」しやすくすることを目指しました。そのために、従来とはまったく違った方法で日本史を描くことに挑戦しています。仕掛けは「4コマ」「タテ割り(テーマ別)」「みてわかる」の3つです。

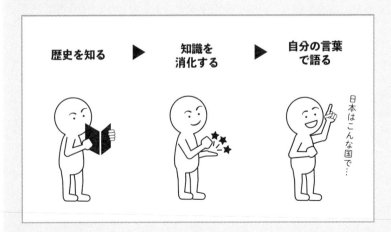

歴史を知る ▶ 知識を消化する ▶ 自分の言葉で語る

日本はこんな国で…

4コマ

　長く、広範囲にわたる日本史のストーリーは、複雑な要素が絡み合う長編小説のよう。丸ごと理解し、自分のものにするのは大変です（長編の本を読み終えて内容の多くを忘れている、といった経験はないでしょうか？）。

　本書は、4コマで完結する短編を積み重ねることで、日本の歴史と文化を描いています。ひとつひとつのビジュアルストーリーに詰め込める情報は限られていますが、だからこそ、歴史上のできごとやそのつながりをひとつずつ咀嚼し、しっかり消化してから、次へ進むことができます。他者に歴史を語るときも、よりコンパクトにわかりやすく伝えられることでしょう。

　本書は2部5章で構成されていますが、順番にこだわる必要はありません。前後の内容に関係なく、好きなテーマから読んでも、理解していただける構成です。

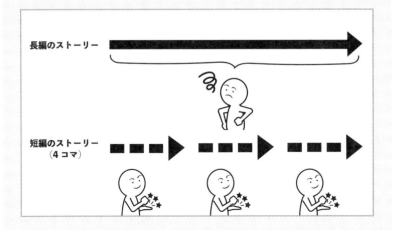

長編のストーリー

短編のストーリー
（4コマ）

タテ割り (テーマ別)

　ほとんどの教科書、解説書は、「平安時代」「鎌倉時代」といった時代区分ごとに政治や文化、社会、戦乱などの分野を記述しています。つまり、平安時代の政治と鎌倉時代の政治は、必ずしもつながっていません。これは「ヨコ割り」で歴史を描く方法です。

　本書では、時代ではなく「天皇」や「武士」、「法律」、「歌舞伎」、「仏教」といった視点を定め、テーマごとにストーリーをまとめました。歴史の描き方を「タテ割り」で再構成したことが、大きなポイントです（下図参照）。多面的な視点を持って日本という国をみつめ、時代をまたいでつながりのあるストーリーとして歴史を理解できます。

　なお、巻末には「ヨコ割り」で歴史を追った「おしえて！ 先生［時代別］日本史講座」を収録しています。「タテ割り」と「ヨコ割り」の両方からみることで、歴史を立体的にとらえることができるはずです。

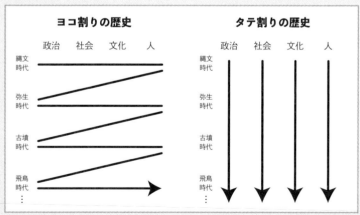

6

みてわかる

4コマのビジュアルストーリーは下図のような構成となっています。

イラストやチャートを活用し、長文の記述はできるだけ避けています。できるだけ簡潔な見出しだけでストーリーの概略がわかるよう工夫し、読み込まなくても「みてわかる」構成を目指しました。

こうしたビジュアルストーリーは、読むストレスをおさえます。読者のみなさんは内容を理解することに集中でき、より楽に消化できることでしょう。ぜひ肩の力を抜いて歴史のストーリーを楽しんでください。

なお、歴史の大きな流れをつかんでいただくために、細かい年号は省きました。「7世紀後半」「12世紀末」など大まかに時代（時期）を表記。近代は変化のスピードが早いので、「1920年代」「1930年代」というように10年ごとを基本として記しています。

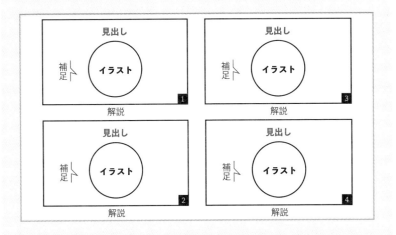

4コマで日本史 ～日本をみなおす50の視点～　目次

第2章　宗教・思想から日本をみる

巻末特集 おしえて！ 先生 [時代別] 日本史講座

第**1**章

様々な角度から
日本をみる

たくさんの小さな穴が空いたひとつの部屋——そんなイメージで本章を構成しました。全部はみえないけれど、隣の穴からのぞいたり、反対側にまわれば、みえる部分はかわります。角度によってまったく違う部屋にみえることもあれば、どこからみてもかわらない特徴を発見できるかもしれません。本章では、天皇や武士といった日本固有のテーマを中心に、様々な視点を定めて歴史をみつめなおしました。教科書や参考書を読むのとは違った形で、日本の輪郭がみえてくるはずです。

Theme **ルーツ**

2つのルーツを持つ祖先が
混ざり合い定着していった

第1部　歴史篇

第2部　文化・精神篇

3万8000年前まで
日本列島に人類はいなかった

ナウマンゾウ

ヘラジカ

オオツノジカ

マンモス

大型動物が繁栄した無人の野

1

およそ1万年前まで、氷河期と温暖な間氷期が交互に訪れていました。氷河期には海面が100〜200mも下がり、大陸と日本列島はしばしば陸続きになりました。

4〜3万年前

日本人のルーツ①
大陸からきた縄文人の祖先

アフリカでうまれアジアに到達した人類が南西諸島、
朝鮮半島、北海道を経て日本にきたとされる

縄文人の顔立ち

2

人類がうまれたのは今から約700万年前のアフリカと考えられています。ユーラシア大陸を経由してやってきた縄文人の祖先は毛深く、顔の彫りが深いなどの特徴があります。

グローバル化が進む昨今、私たちが日本人であることを意識する機会は、ます
ます多くなります。しかし、もともと日本人という民族がいたわけではありま
せん。縄文人と渡来系弥生人が、現代につながる主なルーツです。

およそ
3000年前〜

日本人のルーツ②

朝鮮半島からの渡来系弥生人

アジア大陸の北方で寒冷地に適応したグループが南下・東進して
朝鮮半島経由で九州北部に渡来したとされる

渡来系弥生人の顔立ち

3

第1章 様々な
角度から

第2章 社会と
制度から

第3章 近代の
あゆみから

渡来系弥生人は身長が高く、手足は短く、面長で平坦な顔に切れ長の目をしていました。こ
れらは寒冷地に対応した特徴とされます。弥生時代、西日本からひろがっていきました。

縄文人と渡来系弥生人は混血を重ね
日本列島に定住していった

縄文人

渡来系
弥生人

現代の日本人

4

大陸から西日本に伝わった稲作が、東日本に伝播していくにつれ、渡来系弥生人も東へ進出
していきました。縄文人と渡来系弥生人は混ざり合い、今の日本人が形成されたのです。

Theme **国の成立**

日本の国が成立するまで約800年のストーリー

紀元前1世紀〜3世紀

日本は倭と呼ばれ 100余の国にわかれていた

古代中国の記録に倭が初登場

卑弥呼は呪力を持つ司祭者

▼▼ 約300年後の倭国大乱

大乱を収めるため諸国の王は邪馬台国の女王卑弥呼を共立して王とした

卑弥呼さま〜

1

紀元前1世紀ごろの倭は小国にわかれ、それぞれ中国と通交していたと考えられます。1世紀半ばには、倭の奴国の王が中国の皇帝に使いをおくり印綬を与えられました。

3世紀後半〜5世紀

近畿地方の有力豪族が結集し 政治権力を形成

ヤマト政権

首長である大王は後の天皇に

4〜5世紀、日本列島に勢力を拡大

2

3世紀後半には近畿地方を中心に前方後円墳がつくられます。以降同じ形の古墳が全国にみられることから、近畿地方の政権がその他の地域を服属させていったと考えられるのです。

ムラからクニ、そして法と政治制度が整備された古代国家へ。日本は一歩一歩体制を整えていきました。古代中国の歴史書にはじめて「倭」の存在が記録されてから、奈良時代に「日本」の国号が定着するまでを振り返ります。

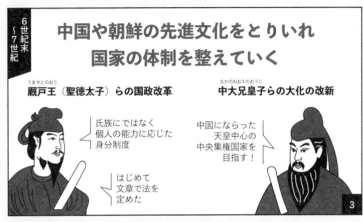

大化の改新では行政区画を明確にし、戸籍・税・軍事・交通など制度の整備が目指されました。約50年後の「大宝律令」で律＝刑法、令＝行政法が整備されました。

8世紀の奈良時代に『古事記』がまとめられ、『日本書紀』が国史として編纂されます。現存する最古の和歌集『万葉集』もつくられました。日本の国家意識が高まった時期です。

Theme **古墳**

全国に残る古墳が
古代社会の変化を物語る

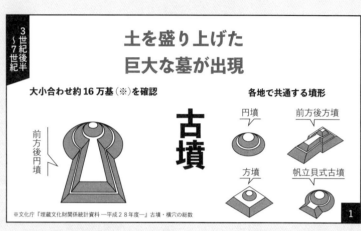

3世紀後半〜7世紀

土を盛り上げた
巨大な墓が出現

大小合わせ約16万基（※）を確認

前方後円墳

古墳

各地で共通する墳形

円墳

前方後方墳

方墳

帆立貝式古墳

※文化庁『埋蔵文化財関係統計資料 —平成28年度—』古墳・横穴の総数

1

古墳は近畿地方を中心にはじまり瀬戸内海沿岸、九州北部へ、4世紀半ばには九州南部、東北南部にまでひろがりました。時期によって共通の特徴を持つ古墳が各地につくられました。

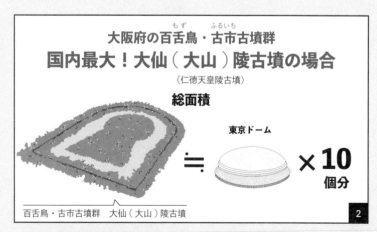

大阪府の百舌鳥・古市古墳群
国内最大！大仙（大山）陵古墳の場合
（仁徳天皇陵古墳）

総面積

東京ドーム

≒ **×10** 個分

百舌鳥・古市古墳群　大仙（大山）陵古墳

2

大仙（大山）陵古墳は総面積46万㎡、墳丘の長さは486m。同じ墳形の「前方後円墳」は円形部の直径と方形部の長さをほぼ等しくするなど、詳細な設計で各地に築造されました。

弥生時代が終わる3世紀後半から、飛鳥時代の7世紀末を「古墳時代」と呼びます。この時代の記録が少ない中、各地に残された巨大な古墳は、大きくかわった権力者のありようを示しています。

現在では墳丘に木々が生い茂っていますが、築造当時は大きさのそろった石で覆われ、墳丘には埴輪が整然と並べられていました。これまでにない権力者の存在をうかがわせます。

高度な設計により各地に同じ形の古墳が築造されました。後の天皇家につながるヤマト政権の秩序に、地方の有力者が組み込まれたことを意味しています。

Theme **天皇**

時代ごとの役割を担い
1500年存続する天皇家

5〜21世紀

後の天皇となる大王の実在が
史料で確認できるのは古墳時代

5世紀　1500年間　**21世紀**

現在まで存続する
世界最古の王家の家系と
ギネス世界記録に認定！

`1`

紀元前7世紀に即位したとされる初代の神武天皇は神話の中の存在であり、実在はあきらかになっていません。中国の史料から、5世紀ごろには大王の存在が確認できます。

7〜8世紀

飛鳥〜奈良時代に天皇中心の
中央集権体制が確立

天皇

すべての土地や人民は
国家が支配する！

貴族

それまで個別に土地・人民を
支配していた豪族は
位と官職で秩序づけられる
貴族となった

`2`

皇族や豪族が土地と人民をそれぞれ支配する仕組みを改め「公地・公民制」としました。しかし、朝廷の中では、次第に藤原氏を中心とする貴族が実権を握るようになります。

古墳時代のヤマト政権に大王が現れ、7世紀末に天皇の称号が定着しました。国のあり方がかわり、政治的な権力が衰えてもその伝統と権威は長く保たれました。敬愛される伝統は今も天皇家の子孫が受け継いでいます。

12〜19世紀

鎌倉に幕府がひらかれると天皇の権限は事実上限定されていく

12 世紀　　武士が支配権を増していく　　**19** 世紀

●●●●●●●●●●●●

源頼朝

織田信長

徳川家康

3

源頼朝は天皇の朝廷とは異なる、武家による支配体制（幕府）を東国につくりました。武家が軍事から政治へ権力をひろげ、江戸時代には全面的に国内を支配します。

19〜21世紀

近代以降も天皇の役割は変化した

明治の大日本帝国憲法

**統治権を総攬する
国家元首**

立憲君主制の頂点

明治天皇

第二次世界大戦で敗戦　▶

現行の日本国憲法

**日本国と
国民統合の象徴**　*Now!*

4

天皇にとって大きな転機は19世紀後半の明治維新でした。明治時代に制定された大日本帝国憲法では、立法や外交、陸海軍の統帥など、広範な大権を天皇が持ちました。

Theme **中国文化の影響**

中国文化の影響を抜きに 日本社会の発展は語れない

5～6世紀

中国の文化が朝鮮を通じて 日本に伝えられた

外来文化を吸収しながら、日本文化の基礎がつくられた

文字
（漢字）

儒教

仏教

土木

建築

1

日本人は独自の文字を持ちませんでした。今日、私たちが日本の歴史を知ることができるのも、漢字が伝来したおかげ。後にひらがなやカタカナが、漢字からうまれます。

7～9世紀

国の使節を中国へ送り多くを学んだ

遣隋使

厩戸王（聖徳太子）らは隋に使者を送り
中央集権的な国家制度を学んだ

天台宗の最澄、真言宗の空海も中国で仏教を学んだ

遣唐使

中国の王朝が隋から唐にかわっても
9世紀まで遣唐使が送られた

最澄　　　空海

2

天皇を中心とする飛鳥時代、奈良時代の国家体制は、隋・唐を模範につくられました。8世紀に奈良に建設された平城京は、唐の長安を参考に設計されました。

日本人は他国から文物をとりいれ、アレンジして利用するのが上手です。明治
以降は西洋文明に学びましたが、それ以前、長い間日本のお手本だったのは、
古代から世界の先進国であった中国でした。

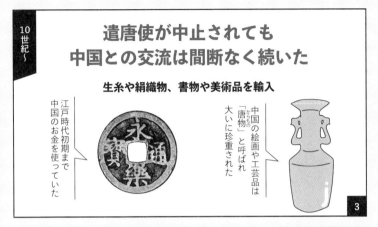

10世紀〜

遣唐使が中止されても
中国との交流は間断なく続いた

生糸や絹織物、書物や美術品を輸入

江戸時代初期まで
中国のお金を使っていた

中国の絵画や工芸品は
「唐物」と呼ばれ
大いに珍重された

3

遣唐使が中止されても民間での貿易は続きました。15世紀になると室町幕府3代将軍の足
利義満が国家間の貿易を再開。鎖国中の江戸時代にも、中国の清とは通商を維持しました。

他にもたくさんのものが
中国から伝来した

水稲農耕

風呂

みかん

茶

着物

箸

中華麺

現代につながる
恩恵がたくさん！

4

風呂は漢字や仏教とともに、5〜6世紀ごろ中国から伝来。茶は8〜9世紀の遣唐使が持ち
帰ったとされます。麺は室町時代の禅宗寺院で食べられていたとか。

第1章
様々な
角度から

第2章
社会と
制度から

第3章
近代の
あゆみから

Theme **武士**

戦いを生業とする武士が
700年にわたり国を動かした

10〜12世紀

武士は平安中期に本格的に登場する

天皇や貴族

最近もめごとが多いから守って

お任せください！

武士

1

武士とは武芸・戦闘を専業とする身分、またはその身分に属する人々の呼称です。天皇や貴族の私的警護や武力による紛争解決、反乱の鎮圧などにあたり、力をつけました。

12〜14世紀

源頼朝が鎌倉に幕府をひらき
国家権力の一部を担う

武士ははじめ軍事や警察部門を担った

そこまでしてとは、いってないのに…

はじめて幕府をひらいた源頼朝

朝廷や貴族の支配に武士の力が浸透
朝廷と幕府とで全国を支配した（二元支配）

・・・>

2

源頼朝は朝廷にせまり、諸国に守護、各荘園や公領に地頭の設置を認めさせ、全国支配の基礎をつくりました。軍事力を持つ武士は、次第に国内の支配権を掌握していきます。

およそ1100年前に登場した武士は、地方で開墾地をひろげて武力を蓄え朝廷や貴族に仕えはじめました。やがて歴史の舞台に立ち、軍事力で存在感を示します。徐々に力を増して国政を担う支配者になっていきました。

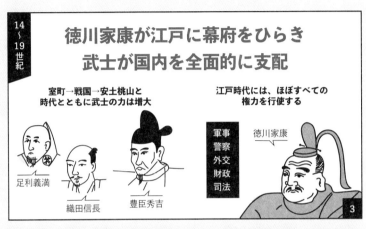

室町幕府 3 代将軍の足利義満は絶大な力を持ちますが、その後幕府は弱体化し戦国時代に突入。戦国の覇権を握った信長、秀吉の事業を継いだ家康が、武家政権を完成させました。

明治時代に武士の身分呼称は「士族」となり、与えられていた俸禄が停止されます。帯刀も禁止され、士族の多くは没落。1947年、正式に「士族」の呼称も戸籍上から消えました。

第1部　歴史篇

Theme **将軍**

力で時代を切りひらき
歴史に名を残した将軍像

第2部　文化・精神篇

8世紀末～9世紀初

東北征討のリーダーとして将軍に

坂上田村麻呂

平安初期の武人

▶ 朝廷の東北地方征討を遂行する
ため征夷大将軍に

▶ 朝廷に対抗していた
東北地方の族長らを服属させた

▶ 京都の清水寺を
創建したと伝えられる

1

坂上田村麻呂が活躍した平安時代初期は、「蝦夷（えみし）」と呼ばれる東北地方の勢力が、朝廷に服属していませんでした。「征夷」大将軍とは蝦夷を征討する将軍だったのです。

12世紀後半

鎌倉にはじめての幕府をひらく

源頼朝

鎌倉幕府の
初代将軍

▶ 武家として朝廷で実権を
握った平氏を倒す

▶ 武家のリーダーとして
征夷大将軍に就任

▶ 朝廷・院（上皇や法皇）の
支配をくずし、
朝廷と幕府の二元支配を実現

2

武家の棟梁として、将軍を頂点とする武士の統治体制をつくったのが源頼朝です。「御恩と奉公」の主従関係によって武士たちを統率しました。

「征夷大将軍」は、平安時代に征討事業の大将として設けられました。その後源頼朝、足利尊氏、徳川家康が将軍となり、幕府をひらきました。将軍の中でも歴史に残る4人の人物の功績から、時代ごとの将軍像をみていきます。

足利義満は30代で子の義持に将軍職をゆずりました。その後も実権を握り続け、さらに太政大臣(だじょう)に就任します。幕府と朝廷の両方で強権をふるいました。

徳川家康がひらいた江戸幕府は、京都の朝廷を完全におさえこみました。強大な軍事力、経済力を持って権力をほぼ掌握し、安定した社会をつくりました。

戦国大名たちは独自の
政策で領国を繁栄させた

第1部　歴史篇

15世紀後半〜16世紀前半

朝廷や幕府の任命によらず
実力で地域を支配した

もとは京都出身の伊勢新九郎
という将軍の近習説が有力

駿河の今川氏の
家臣だったが
相模国
（今の神奈川県）
を制圧した

北条早雲は戦国大名の
さきがけとなった

検地を実施し貫高制で
家臣の所領や軍役を定めた

1

戦国時代、室町幕府の威光が地方までおよばず、旧来の秩序はくずれ、在地の実力者が支配しました。流動性の高い社会では、個性豊かな戦国大名が登場します。

第2部　文化・精神篇

16世紀前半〜半ば

上位の者から
権力を奪いとった

美濃の守護 土岐氏を擁立して
実権を握り後に追放した

美濃国（今の岐阜県）を支配した

父が油商人だった説が有力

斎藤道三は油商人から
一国を支配するまでに

息子との戦いで
殺される

2

下剋上の社会では、様々な出自の者が戦国大名になりました。斎藤道三のように有力な守護大名にかわり、戦国大名になる者も現れました。

15世紀後半、日本国内は1世紀にわたる戦国時代に突入しました。争乱の中では、各地に個性豊かな戦国大名が登場します。実際、戦国大名とはどんな存在だったのか？　4人の武将を例に、その特徴をみていきます。

16世紀半ば

独自の分国法を定め
領国の経営を充実させた

金山を開発し
独自の貨幣を鋳造

現代に残る
治水事業を行った
（信玄堤）

武田信玄は富国強兵に
力をいれた

甲斐から信濃への
軍用道路（信玄棒道）
を建設

「甲州法度之次第」
（分国法）を定めた

3

「甲州法度之次第」は喧嘩両成敗や私的盟約の禁止を定めた分国法。戦国大名の分国法（掟書）には、北条氏の「早雲寺殿二十一箇条」や今川氏の「今川仮名目録」などもあります。

16世紀後半

経済政策で都市を発展させ、
国力を蓄えた

商人の自由取引を
保障した（楽市令）

関所を撤廃して
商品流通を活性化

織田信長は領国の
経済発展を重視した

南蛮貿易の拠点
である堺を直轄化

4

織田信長は従来の権威や政治・経済の秩序を改め、新しい政治を展開しました。なお、楽市は信長より前に六角氏や今川氏も実施しています。

Theme 合戦

権力の動向を左右し
歴史を動かした8つの合戦

第1部　歴史篇

7〜10世紀

天皇の後継者争いから
朝廷をゆるがす武士の反抗へ

壬申の乱
（じんしん）

大化の改新を主導した
天智天皇の死後、弟と息子が戦う

弟の大海人皇子（おおあまのみこ）が勝利し天武天皇に

天慶の乱
（てんぎょう）

平将門が関東で、藤原純友が西日本で
朝廷の拠点を次々と攻め落とした

平将門は自ら「新皇」と名のった

まずい…

貴族

1

壬申の乱の後、朝廷は着実に権力の基盤を安定させていきます。約270年後に起こったのが天慶の乱です。朝廷は鎮圧のために武士の力を必要とし、武士が台頭する結果に。

第2部　文化・精神篇

12世紀

貴族の紛争解決に武士が活躍
やがて武士同士が権力を争った

保元・平治の乱
（ほうげん）（へいじ）

天皇家・貴族の内紛に
大量の武士が動員される

戦に貢献した平清盛が力をつけ中央政界に進出

源平合戦

政治の実権を握った平氏に対し
源頼朝が挙兵し勝利した

頼朝は鎌倉幕府をひらき武家政権をつくった

2

保元・平治の乱は貴族同士の争いも、武士の力なしには解決できないことを示しました。やがて、武士同士の争いが国内の支配者を決定づけるようになっていきます。

対外戦争の少ない日本では、時代をつくりかえる合戦が繰り返し起こりました。天皇や貴族、武士といった有力者が、権力を争い様々な戦いを繰りひろげます。歴史を大きく動かした内戦を、時代ごとにまとめました。

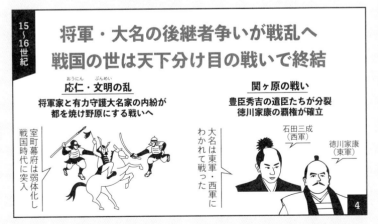

13〜14世紀

上皇・天皇が復権に立ち上がる！
一時的に武士から政権の奪還も

承久の乱
後鳥羽上皇が打倒鎌倉幕府で挙兵
東国武士が結束し勝利する

源頼朝の妻 北条政子と執権の北条義時が武士をまとめた

みんなで戦おう！

南北朝の動乱
後醍醐天皇が鎌倉幕府を倒すも
足利尊氏が室町幕府をひらいた

約350年ぶりに天皇中心の政治を実現するが、わずか3年で崩壊

絶対に復権する！

後醍醐天皇

3

後醍醐天皇の政治的復権に対する執念は凄まじいものでしたが、道半ばで挫折します。強大な武力を持った武士を、天皇の権威でおさえることができなくなっていたのです。

15〜16世紀

将軍・大名の後継者争いが戦乱へ
戦国の世は天下分け目の戦いで終結

応仁・文明の乱
将軍家と有力守護大名家の内紛が
都を焼き野原にする戦いへ

室町幕府は弱体化し戦国時代に突入

関ヶ原の戦い
豊臣秀吉の遺臣たちが分裂
徳川家康の覇権が確立

大名は東軍・西軍にわかれて戦った

石田三成（西軍）

徳川家康（東軍）

4

江戸時代の約260年間、局地的な反乱はあったものの、国を二分するような内戦は起こりませんでした。権力をめぐる戦国の内戦は、関ヶ原の戦いをもって終わりました。

Theme **城**

地形を活かした要塞が 美しくみせる城へ進化した

12〜13世紀

鎌倉時代の城は騎兵（馬）の 通行を遮断する防御施設だった

3.2kmにわたり堀と土塁が
築かれた阿津賀志山防塁

土塁
堀
土塁
堀

岩盤を削り二重の
堀をつくった

1

阿津賀志山の防塁（福島県国見町）は、源頼朝の鎌倉軍を迎え撃つため、藤原泰衡の奥州軍が築きました。騎兵戦が主流の当時、二重三重の堀と土塁を馬でこえることは困難でした。

14世紀

軍事力が非力でも戦える 「中世山城」がうまれた

南北朝時代、険しい
山岳に築かれた千早城
（大阪府）

登ってくる敵に
矢の雨を降らせ、
石や材木を落とした

籠城した楠木正成は
少数の兵で
幕府の大軍に勝利

2

鎌倉時代末期に幕府と戦った楠木正成は、馬が登れない山上に城を築きます。その後、圧倒的大軍にも勝機をみいだせる中世山城が激増。戦いは騎兵戦から歩兵戦が主流になりました。

日本には約 3 ～ 4 万の城跡があり、ほとんどが鎌倉時代以降に築かれています。その時代の戦術に合わせて城は変化し、ときに城が戦いのあり方をかえてきました。「日本の城」のイメージになる近世城郭まで、進化の歴史を振り返ります。

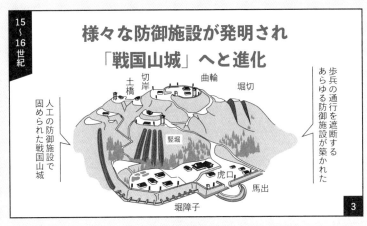

15 ～ 16 世紀

様々な防御施設が発明され「戦国山城」へと進化

人工の防御施設で固められた戦国山城

土橋　切岸　曲輪

堀切

竪堀

虎口

馬出

堀障子

歩兵の通行を遮断するあらゆる防御施設が築かれた

3

15 世紀半ばからの応仁・文明の乱は山城の構造をかえました。戦いが恒常的になると、山城は自然の地形のみに依存せず、人工的な防御施設が工夫された戦国山城へと進化します。

16 ～ 17 世紀

"みせる" 機能が重視された「近世城郭」へ

織田信長が築いた安土城

壮麗な天主（※）が主の力を誇示した

高石垣など強力な防御施設も進化

こんなスゴい城をつくる人にはかなわない

※安土城では「天守」を「天主」と呼ぶ

4

約 3 ～ 4 万カ所ある城跡のうち近世城郭はほんの数％。安土城は、そのさきがけです。戦国時代が終わり社会が安定すると、大名の権威を示す美しい城がつくられました。

Theme **民衆**

力を強めた民衆たちが
権力に対抗し武装蜂起も

15世紀前半

民衆が武装蜂起し室町幕府に衝撃を与えた
正長の徳政一揆

はじめは近江坂本の
馬借（運送業者）が蜂起し
京都近郊の農民が呼応

高利貸への土地の売却や
借入を無効にするよう
幕府に迫る

京の土倉や酒屋を
襲い、質物や売買・
貸借証文を奪った

1

室町時代、支配者が交代すると社会関係が改まるという社会通念がありました。土地の売買
や借入を帳消しにする「徳政」を求める農民の動きも高まりました。

15世紀後半

戦乱から村落を守り、武士や領主に抵抗
自立的・自治的な村落をつくった

惣・惣村

会議（寄合）の
決定に従い指導者が
村落を運営した

古くからの有力農民に
加え、新たに成長した
小農民も構成員となった

自ら武装して
警察・裁判も行った

2

惣村の民衆は強い連帯意識で結ばれていました。ときには結集して、不法を働く代官らの免
職や、水害・干害の際の年貢の減免を、領主に求めるなど実力行使も。

古代の民衆は飢饉や戦乱、重い税に苦しみました。しかし、中世（11世紀末〜16世紀後半）になると徐々に力を増した民衆たちは連帯し、ときに支配者たちの権力をおびやかすようになります。

〜15世紀後半〜16世紀後半

民衆たちが一世紀にわたり一国を治めた加賀は
「百姓の持ちたる国」と呼ばれた

一向宗の信徒たちが加賀（今の石川県）の守護 富樫氏を倒した

一向宗のリーダー 蓮如が人々を率いた

一向宗は北陸地方や東海地方、近畿地方の民衆にひろがり、戦国時代の一大勢力となりました。ときに戦国大名たちと争うほどになり、権力者たちに恐れられました。

16世紀末〜

民衆から武器が取り上げられた
兵農分離により民衆支配が強化

豊臣秀吉は刀狩令で民衆の武装を禁止後に百姓、商人、職人など身分を固定

それでも江戸時代に百姓一揆は頻発した

百姓は農業に専念しなさい

江戸幕府も兵農分離を引き継ぎ「士農工商」の身分社会を構築。百姓は村掟を定め違反者には村八分などの制裁を加えます。幕府や大名の農村支配は、自治に依存していたのです。

Theme **忍者**

生きて情報を持ち帰れ！
時代をこえて生きた忍者の実像

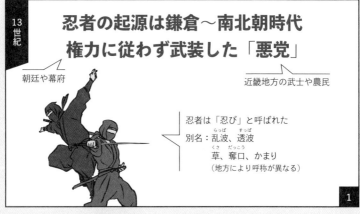

13世紀

忍者の起源は鎌倉〜南北朝時代
権力に従わず武装した「悪党」

朝廷や幕府

近畿地方の武士や農民

忍者は「忍び」と呼ばれた
別名：乱波（らっぱ）、透波（すっぱ）
　　　草（くさ）、奪口（だっこう）、かまり
　　　（地方により呼称が異なる）

1

忍びの存在が史料で確認できるのは14世紀の南北朝時代以降です。歴史的には「忍者」の呼び名は確認されず、定着したのは昭和30年代のことでした。

〜15世紀後半16世紀

戦国時代には大名が
忍びを召し抱えた

頼んだよ

戦国大名

主な任務は、敵地への侵入、
放火、破壊、夜討ち、待ち伏せ、
情報収集など

もっとも重要な任務は
生きて帰り、敵方の情報を
知らせること
そのため極力戦闘を避けた

はっ！

2

屋根裏に忍び込み会話を盗み聞きしたり、短刀や手裏剣で敵を倒すだけが忍者ではありません。実際は土地の人と仲良くなって情報を聞きだすことが多かったようです。

時代劇には欠かせない忍者ですが、映画やドラマのイメージは、ほとんどが創作されたもの。実際の忍者はどんな存在だったのか？　その誕生のいきさつから担った任務まで、時代を追ってみていきます。

忍びのエリート伊賀者＆甲賀者

16世紀後半

伊賀（三重県北部）甲賀（滋賀県南部）は山に囲まれ大名勢力が弱く、地域の住民が武装し自治を行っていた

同盟相手の織田信長が本能寺の変で殺され、危機に陥った徳川家康を護衛した

後に江戸幕府は伊賀者＆甲賀者を召し抱えた

私の側に仕えなさい

3

第 1 章
様々な角度から

第 2 章
社会と制度から

第 3 章
近代のあゆみから

伊賀や甲賀の人々はときには他国の傭兵として戦闘に参加しました。忍びが育ちやすい土地柄だったともいえます。江戸時代まで幕府の隠密として活躍しました。

江戸時代の忍術書にはこんな秘伝も

17世紀

マンガでおなじみ水ぐもの術

使い方は口伝なので正確にはわからない

『万川集海』

伊賀と甲賀に伝わる49流派の忍術を収録

壁登りの道具

交渉術・対話術

医学・天文

サバイバル食

etc...

4

江戸前期の作とみられる『万川集海』は22巻におよぶ大著。敵地に潜入し、生きて情報を持ち帰ることを求められた忍びは、広範な知識と経験を武器にしていたことがわかります。

Theme **侵略の危機**

外圧は社会の転換をうながす！
日本が経験した侵略の危機

7世紀後半

唐 × 新羅の連合軍に大敗
白村江の戦い@朝鮮半島

朝鮮半島は「三国時代」
日本も半島の小国に勢力を持った

▼

三国のひとつ新羅が中国（唐）と結び
朝鮮半島の統一へ向け軍事行動

▼

日本は同盟関係にあった
百済を助けるため大軍を派遣

▼

日本 × 百済連合軍は
唐 × 新羅の連合軍に大敗

中国を敵に回した！
日本にも攻めてくる！

北九州に水城（みずき）を築き
兵士（防人）を配置した

1

唐は日本への侵攻はしませんでしたが、日本は中央集権化を速め、国家として体制を整えて
いきます。大改革の背景に外圧があったのです。

13世紀後半

2度にわたるモンゴル帝国の侵攻
蒙古襲来@博多湾

1度目（文永の役）

モンゴル帝国の大軍が博多湾から上陸

▼

幕府軍は後退するが
モンゴル軍は攻めきれず撤退

2度目（弘安の役）

前回の数倍の大軍で博多湾に

▼

幕府軍の抵抗と
暴風雨（？）で大打撃を受け撤退

九州の武士は
全力で撃退
せよ！

鎌倉幕府の執権　北条時宗

2

大国の圧倒的な軍事力に対して、幕府は侵攻を防ぐことができました。2度の襲来を防いだ
ことで、「日本は神の国である」という神国思想がうまれました。

日本が小さな国土で、他国に占領されたり、植民地化されることがなかったのは、大陸から離れた島国で守りやすかったからという理由もあるでしょう。しかし、日本にも侵略されておかしくない危機が、何度かあったのです。

16世紀

キリスト教の布教は植民地化への布石！？
スペイン・ポルトガルの脅威

スペインのフランシスコ＝ザビエルが
来日し宣教師たちの布教がはじまる
▼
織田信長は布教を容認
豊臣秀吉もはじめは認めていたが…
▼
一転、豊臣秀吉がバテレン追放令
宣教師を国外に追放する
▼
徳川家康もキリスト教を禁教
江戸幕府は多くの外国と通商を絶った

宣教師たちの
狙いは布教だけ
ではない！？

3

スペインやポルトガルの宣教師たちは、日本の植民地化を狙いました。15世紀からの大航海時代、世界中でキリスト教の布教とともに、西欧各国の植民地が拡大していたのです。

19世紀後半

欧米の近代的な文明がやってくる
アメリカのペリー提督が黒船で来航

ペリーが蒸気船で浦賀沖に来航し
強硬に開国を迫る
▼
国内の政治・社会は動揺
薩摩藩・長州藩は列強との戦争を経験
▼
欧米の圧倒的な軍事力を思い知った
薩長両藩は討幕へ向かう

このままでは日本は侵略される！
西洋の文化・文明をとりいれて
列強と対等の立場になろう！

木戸孝允　岩倉具視　大久保利通

4

アジアで圧倒的な国力を持っていた中国も、アヘン戦争で英国に敗れ、列強の侵略を許してしまいます。明治に近代化を進めた日本は植民地化を免れました。

南西の島国からアジアへ
貿易で繁栄した琉球王国

14世紀前半

支配者たちは城を築き勢力を拡大
14世紀には3つの小国家が成立

琉球の城は
石垣が美しい

今帰仁城（なきじんグスク）

沖縄本島

座喜味城（ざきみグスク）

山北（さんほく）

首里城

勝連城（かつれんグスク）

中山（ちゅうざん）

南山城（なんざんグスク）

山南（さんなん）

1

各地の支配者たちは互いに争いましたが、やがて彼らを束ねる強力な王が誕生します。沖縄本島は、山北、中山、山南に三分。琉球の城は「グスク」と呼ばれ世界遺産にも。

14世紀後半～15世紀前半

中山国が中国と外交を結ぶと
琉球は貿易立国として繁栄した

15世紀前半、
中山国王 尚巴志（しょうはし）が
琉球を統一

琉球船が
アジア各地へ！

朝鮮

日本

東南
アジア

中国

外交樹立

2

中国との外交をきっかけに、琉球船が日本や朝鮮、東南アジアへとでかけて特産品を買い付けるようになりました。尚巴志が琉球王国をたてると内政は安定し、大いに栄えました。

鹿児島県から約700kmほど離れた沖縄本島は、「琉球」として本州とは異なる歴史を歩んできました。日本の政権下に組み込まれたのは明治時代のこと。それまでに、独自の国際色豊かな社会をつくっていました。

当初、日明仲介の要請に琉球が応じなかったため、徳川家康は薩摩に琉球を侵攻させました。尚寧は捕虜となり、表面上仲介を受けいれましたが、実際の日明関係は改善しませんでした。

江戸幕府に従属しても、琉球王国の貿易は続きます。王宮の首里城（2019年に主要部分が焼失）には日中の影響を受けた琉球文化がみられます。

第1部　歴史篇

第2章

社会と制度から日本をみる

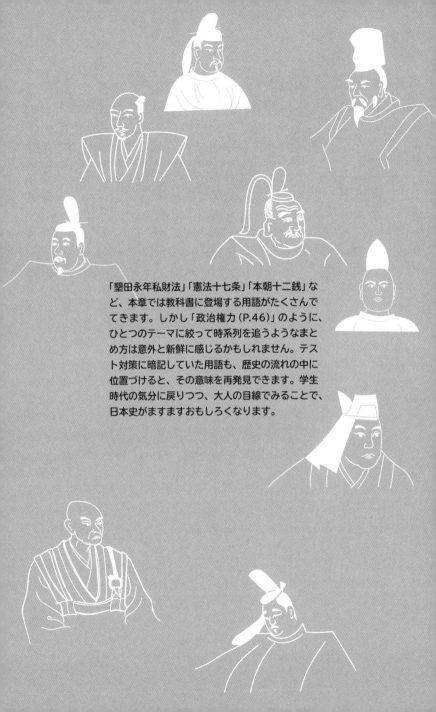

「墾田永年私財法」「憲法十七条」「本朝十二銭」など、本章では教科書に登場する用語がたくさんでてきます。しかし「政治権力（P.46）」のように、ひとつのテーマに絞って時系列を追うようなまとめ方は意外と新鮮に感じるかもしれません。テスト対策に暗記していた用語も、歴史の流れの中に位置づけると、その意味を再発見できます。学生時代の気分に戻りつつ、大人の目線でみることで、日本史がますますおもしろくなります。

Theme **時代区分**

移りかわる社会のあり方
時代区分で特徴をつかむ

第1部　歴史篇

1万3000年前〜3世紀

縄文時代 ▶ **弥生時代**

原始
狩猟採集社会から農耕社会へ

弥生時代に中国大陸から
伝来した水稲農耕が定着

▶▶▶

1

稲作は縄文時代末にはじまり弥生時代に灌漑農業に発展。大勢の共同作業を統制したり、利害関係を調整するため強権を持つ首長が登場。階層社会のはじまりです。

第2部　文化・精神篇

3〜11世紀

古墳時代 ▶ **飛鳥時代** ▶ **奈良時代** ▶ **平安時代**

古代
天皇や貴族の支配が確立し、国家の体制が整う

戸籍をつくり法律を定めて
税や役人の制度を整える！

天皇による中央集権体制
を目指した大化の改新は
古代日本の大改革となった

2

大化の改新にはじまる一連の改革が完了するのは7世紀末。古代は、政府が広く地方を支配下に置き、中央では貴族社会が栄えるなど、日本の国の基礎ができた時代です。

社会の変化を大づかみで考えるなら、時代区分に注目です。それは歴史を社会の質的な特徴でわける考え方で、原始、古代、中世、近世、近代、現代と区別されます。ここでは、近代より前、4 つの時代の特徴をみていきましょう。

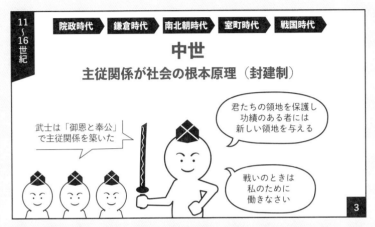

大きな画期は鎌倉幕府の成立。中世は御恩と奉公の関係で武士たちが強く結びつき、それぞれ自分の所領を支配しました。後半には民衆も力をつけ、階層間の流動性が高まりました。

江戸幕府の強力な支配体制のもと、3 世紀にわたり平和が続きました。米の生産量が増えるとともに人口が増加。商品流通が活発になり、貨幣経済が発展しました。

Theme **稲作**

日本の社会を支える基盤
稲作がもたらしたもの

紀元前5世紀ごろ〜

稲作でクニが発展した

縄文時代末期に中国大陸から水稲農耕が伝来した

狩猟採集社会から農耕社会へ

大勢が協力すると生産量が増える

共同体が大きくなり指導者が現れた

私の指示に従って

1

弥生時代に灌漑農業がはじまると、ひとつの水系の集団をまとめるため、強い権力を持った首長が現れました。水稲農耕の発達とともにムラはクニになっていったのです。

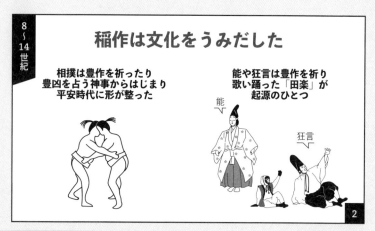

8〜14世紀

稲作は文化をうみだした

相撲は豊作を祈ったり豊凶を占う神事からはじまり平安時代に形が整った

能や狂言は豊作を祈り歌い踊った「田楽」が起源のひとつ

能

狂言

2

能や狂言の起源にもなった「田楽能」が農民にもてはやされました。農村で農民が演じる能をみた貴族が、その演技のすばらしさに感嘆したといいます。

縄文時代末期に中国大陸から水稲農耕が伝来し、弥生時代に定着して以来、米は日本人にとって切っても切れない食料となりました。稲作の進歩は人々の食を支え、社会をかえ、様々な文化を育んできたのです。

~13世紀
~16世紀前半

稲作技術の向上で農民の力が増した

生産量が増え余裕を持った農民は、団結して村落の自治を行った

米と麦の二毛作

家畜の利用

Power UP!

農民たちは掟をつくり団結し（惣村）、戦乱から村落を守り領主に抵抗もしました。武力を備え、警察権を行使し裁判も行うなど、惣村は自治的性格を持っていました。

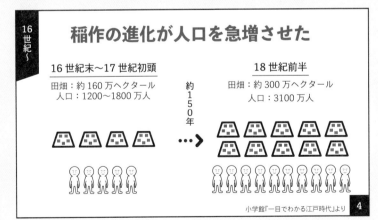

16世紀～

稲作の進化が人口を急増させた

16世紀末～17世紀初頭

田畑：約160万ヘクタール
人口：1200～1800万人

約150年

18世紀前半

田畑：約300万ヘクタール
人口：3100万人

小学館『一目でわかる江戸時代』より

江戸幕府は新田の開発をすすめました。月日をかけて用水路をひらき、湖や沼の水を干拓して水田を増やします。増大した収穫量が、多くの人々を養いました。

Theme **政治権力**

新たな体制を構築してきた
リーダーと政治権力の系譜

第1部　歴史篇

第2部　文化・精神篇

3〜8世紀

有力豪族の連合 ヤマト政権　…＞　## 天皇中心の 律令国家

後の天皇となる
大王が率いた

中大兄皇子が
中央集権体制の
国家を目指す

桓武天皇は
平安京に遷都し
朝廷権力を拡大

近畿地方にうまれたヤマト政権が全国に勢力を拡大。唐にならった律令制（律＝刑法／令＝
行政法）を土台に、天皇中心の政治を目指したのは中大兄皇子がはじまりです。

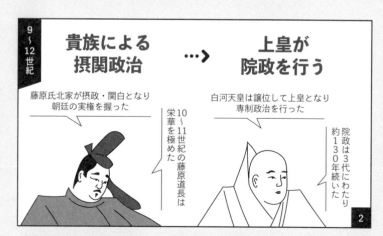

9〜12世紀

貴族による 摂関政治　…＞　## 上皇が 院政を行う

藤原氏北家が摂政・関白となり
朝廷の実権を握った

10〜11世紀の藤原道長は
栄華を極めた

白河天皇は譲位して上皇となり
専制政治を行った

院政は3代にわたり
約130年続いた

藤原氏は天皇の外戚（母方の親戚）の立場を利用し、摂政・関白の座を独占。藤原氏を外戚と
しない後三条天皇は自ら政治を行い、子の白河天皇が院政をはじめました。

権力の継承や奪取、その結果うまれる支配体制のあり方は、歴史の主要なテーマのひとつです。ここでは、有能なリーダーたちが構築した政治権力の移りかわりに絞って、日本史の流れを追っていきます。

鎌倉幕府は源氏のあとを北条氏が率いて約150年間存続。2つの朝廷が並立し争う内戦期（南北朝時代）を経て、室町幕府3代将軍の足利義満が南北朝を統一しました。

室町幕府は衰退し15世紀半ばの応仁・文明の乱を機に戦国時代へ。信長、秀吉、家康は戦国時代を終わらせた三英傑。江戸幕府は約260年の太平の世を実現しました。

Theme **土地制度**

土地制度の変化からみる
国家体制の移りかわり

7世紀半ば

大化の改新で「公地・公民制」が示された

中大兄皇子らが主導

豪族たちが個別に土地・人民を支配する
それまでの体制を否定。中央集権を目指した

天皇とともに朝廷で政治をしよう

豪族は国家に仕える貴族に

天皇

すべての土地と人民は
国家が支配する
君たちには国家から
給与をあげよう

1

大化の改新は、豪族による連合政権的な体制から、天皇に権力を集中させる改革でした。その実現は難しく、「公地・公民制」の完成まで50年余りを要しました。

8世紀半ば〜

貴族や大寺院の私有地「荘園」が拡大した

「公地・公民制」の理想がくずれた

律令国家は税の増収をはかるために墾田開発を奨励
墾田永年私財法で新たに開発した土地の私有を認めた

中央と地方の有力者が
結びついて開発

やむを得ん
権利を認める

自分で開発した土地は
自分で経営したい！

2

貴族や大寺院は広大な原野を囲い込み、地方の豪族と結んで大規模な開発を進めました。初期の荘園です。荘園はその後様々な形で拡大しました。

公地・公民、墾田永年私財法（こんでんえいねんしざいほう）、荘園、石高制…。日本史の教科書には、たびたび土地に関する用語が登場します。土地制度は歴史を理解する重要な視点。時代ごとの変化を追ってみると、国を治める仕組みの違いがみえてきます。

12世紀後半

鎌倉幕府が全国に守護と地頭を配置
武士が荘園支配をくずしていく

**荘園の支配権が武士におびやかされ
武士が荘園支配の実権を握りはじめる**

都の貴族や大寺院には
地方の土地経営が難しい

地頭に任せるのは
危ないが仕方ないか

荘園の治安維持や
税の徴収は
お任せください

3

地頭は実力を蓄え、貴族や大寺院の荘園支配をおびやかします。地頭が年貢納入を請け負う「地頭請（じとうけ）」や、土地などを領主と地頭で分け合う「下地中分（したじちゅうぶん）」が行われました。

17世紀

江戸幕府は天皇をも組み込む
石高制で全国を治めた

**15〜16世紀の戦国時代に荘園制は形骸化
江戸幕府は全国の土地を掌握し石高で領地の確認文書を発給した**

徳川秀忠
2代将軍

大名

みんなの領地は
幕府が決めます

4

豊臣秀吉は太閤検地で全国を調査し、土地の価値を米の生産高「石高」として一律に算出しました。その後、領地の配分や軍役、年貢などが石高を基準に定められました。

第1章
様々な
角度から

第2章
社会と
制度から

第3章
近代の
あゆみから

Theme **法律**

どんな秩序を目指すのか？
法律にみる支配者の理想

7世紀初

後世に影響を与えた初の成文法
憲法十七条

推古天皇を補佐して政治を行った厩戸王（聖徳太子）が作成

厩戸王

和をもって貴しとなす

役人に対する道徳的訓戒
天皇の臣下としてするべきことや
守るべきことがらをまとめた

官僚制は大宝律令に
道徳の思想は後の時代まで
受け継がれた

1

役人の服務についてまとめた憲法十七条は、当時の官僚制が確立しつつあったことを物語ります。現代的な規律とは異なりますが、はじめて文章で記された画期的なものです。

8世紀初

法による政治の仕組みを整備
大宝律令

文武天皇の命を受けた刑部親王・藤原不比等らが作成
（おさかべしんのう）（ふじわらのふひと）

藤原不比等

天皇が百官を従える国家体制を！

はじめて刑法（律）と
行政法（令）が同時期に編纂された
天皇が官僚を率い政治を司る
古代国家の体制が確立

朝廷での役職や
官位、税制など

2

大宝律令制定の40年ほど前、日本は中国の唐、朝鮮の新羅と戦っており、東アジア情勢は緊張していました。法によって整備された国家を、急ぎつくる必要がありました。

「御成敗式目（ごせいばいしきもく）」を定めた北条泰時（ほうじょうやすとき）は、次のように趣旨を述べています。「裁判の決まりを定め、身分の高い低いに関わらず、公平に判決を出すために詳細に記録するのだ」。秩序ある社会をつくるため、古今の支配者が法を制定しました。

武家社会の秩序を整えた法典
御成敗式目

13世紀前半

鎌倉幕府の実質トップ 執権の北条泰時が作成

北条泰時

公正でなければ新しい権力は信用されない！

守護・地頭の任務と権限
土地をめぐる裁判の基準
農民支配のルール

3

鎌倉時代、現地で土地を経営する武士（地頭）と支配権を持つ領主（貴族・大寺院）との間にトラブルが多発。幕府の支配を安定させるため、公正で迅速な裁判が求められました。

大名の力をおさえて社会を安定させた
武家諸法度

17世紀前半

江戸幕府2代将軍 徳川秀忠のときに発布し歴代将軍が改定

3代将軍 徳川家光

参勤交代を定めた

幕府を盤石にして平和を実現しよう

新たに城や大船をつくってはならない
▶ 大名の軍事力をおさえる

将軍の許可なく大名家同士で
婚姻関係を結んではならない
▶ 大名同士の同盟をおさえる

一年ごとに領国から江戸に出仕する
参勤交代
▶ 大名の経済力をおさえる

4

江戸幕府は、大名に領地を分割して支配する体制を採用しました。戦国の気風が残る中、戦が起こらないよう大名たちを統制する法を整えました。

Theme **お金**

私的につくったお金も流通
統一貨幣までの歴史

7世紀後半

日本で「お金」がつくられたのは
今から約1300年前

**飛鳥時代に日本で最初の
お金、富本銭がつくられた**

流通を目指した
かは不明

**約300年間で律令政府により
13種類の銅銭などがつくられた**
（富本銭を含む）

（本朝十二銭）　**1**

富本銭は飛鳥時代の683年、中国の開元通宝をモデルにつくられたといわれます。その後和同開珎をはじめに「本朝十二銭」が発行されますが、貨幣流通は定着しませんでした。

10世紀半ば
〜16世紀末

600年間、日本でお金はつくられず
中国から輸入される銭貨が流通した

お金は中国の
貨幣を使お
う！

中国との貿易で
日本へ大量に
流入した永楽通宝

2

本朝十二銭のはじめは銅を8割ほど含む比較的良質のものでしたが、鋳造のたびに品質が劣化していきます。958年の乾元大宝を最後に律令政府の鋳造は断絶しました。

今日、当たり前のように使うお金ですが、歴史をみれば人々の信用を得て流通させることが、いかに難しいかがわかります。国産の銭貨が鋳造されてから、長い断絶を経て、江戸幕府による貨幣制度が整うまでのストーリーを。

第1章　様々な角度から

第2章　社会と制度から

第3章　近代のあゆみから

10〜17世紀

しかし、質の悪い貨幣も出回った

文字がつぶれたり、欠けたりしたお金

鐚銭（びたせん）

「びた一文」の慣用句はここから

3

中国や日本国内で私的につくられた質の悪いお金がびた銭です。しかし、使用しないと流通経済が停滞します。幕府や大名は、良貨との交換比率を決めてびた銭を流通させました。

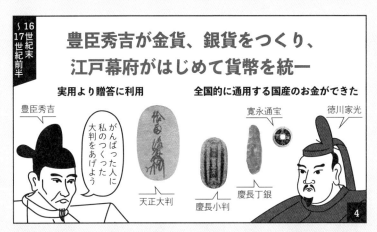

16世紀末〜17世紀前半

豊臣秀吉が金貨、銀貨をつくり、江戸幕府がはじめて貨幣を統一

実用より贈答に利用

豊臣秀吉

がんばった人に私のつくった大判をあげよう

天正大判

全国的に通用する国産のお金ができた

寛永通宝

徳川家光

慶長小判

慶長丁銀

4

豊臣秀吉の時代になっても、中国のお金やびた銭が流通していました。貨幣制度が整ったのは江戸時代。3代将軍徳川家光が寛永通宝をつくると、金・銀・銭貨がそろいました。

Theme **交通**

ヒト・モノ・情報の流れを円滑にした交通政策の変遷

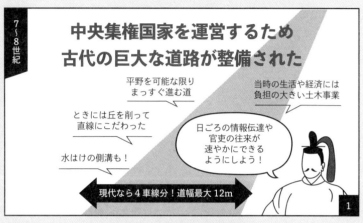

7〜8世紀

中央集権国家を運営するため古代の巨大な道路が整備された

平野を可能な限りまっすぐ進む道

ときには丘を削って直線にこだわった

水はけの側溝も！

当時の生活や経済には負担の大きい土木事業

日ごろの情報伝達や官吏の往来が速やかにできるようにしよう！

現代なら4車線分！道幅最大12m

1

奈良時代の律令国家（中央集権的な古代国家）は行政体制を整えるため、東海道／東山道／北陸道／山陰道／山陽道／南海道／西海道の7つの往還路（七道）を整備しました。

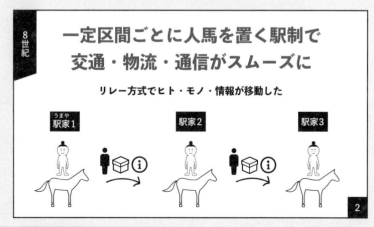

8世紀

一定区間ごとに人馬を置く駅制で交通・物流・通信がスムーズに

リレー方式でヒト・モノ・情報が移動した

うまや
駅家1

駅家2

駅家3

2

駅制は日本だけでなく、世界各地にみられる制度です。都から防衛上の拠点である大宰府へつながる山陽道では、16kmごとに駅家が置かれ、20頭の馬が常駐していました。

道路は個人の生活はもちろん、政治や経済、軍事の基礎です。日本人は古代から道を整備し、交通や通信の制度を整えてきました。今、私たちが歩いている道は、もとは何百年も前の先人がつくったものかもしれません。

室町時代は領主が関所を設けた
信長、秀吉はそれらを撤廃した

地域の支配者が関所で通行料（関銭）を徴収

関所をなくして流通をスムーズにすると商業が発展する！！

やめなさい！

織田信長は領国を拡大しながら、それまであった関所をなくし道路や橋を整備していきます。豊臣秀吉も信長の政策を引き継ぎました。交通はスムーズになり、経済が発展しました。

江戸幕府は街道の整備を進め
宿場と飛脚の制度が整った

宿場
庶民が旅行しやすくなり、湯治やお伊勢参りが流行

飛脚
大名や町人が遠隔地とスムーズに書状などをやりとりできる

江戸幕府は関所での監視も行いました。江戸に入る武器「入鉄砲」（治安維持・反乱防止のため）と、江戸からでる女性「出女」（大名の妻らの逃亡を防ぐため）を厳しく取り締まりました。

Theme **結婚**

"通い婚""婿入り""嫁入り" かわり続けた結婚の形

~8世紀

古代は通い婚が主流 一生に何度でも結婚

きたよ♥

待ってたわ♥

- 好きな人に声をかけ、名前が聞ければ両想い
- 夜に相手の家を訪れれば結婚成立
- 多くは同居せず、夫が妻の家へ通った
- 子どもは母親の家や村で育てる
- 別に好きな人ができたら関係解消

1

結婚式などはなく、お互いが恋に落ちればそれが結婚。子どもがうまれると、母親の家族や村の中で育てられました。8世紀ごろまでこうした「妻問婚」のスタイルが主流でした。

9世紀

"家を継ぐ"概念がうまれる 平安時代、婿入りが結婚の形に

- 貴族社会では男性が身分の高い女性の家に婿入りを望んだ
- 女性の父親と交渉し OK なら結婚成立！
- 男性の通い婚。妻はひとりでなくても OK
- 複数の家に婿入りする男性もいた

2

女性は自分の家で夫がくるのをひたすら待ち、こなくなったら結婚生活は終わりを迎えます。なお、民衆の間では夫婦が共同で働き、財産を子どもにゆずりました。

現在まで、結婚や家族のあり方は時代によって変化してきました。日本では、かつてどのようなスタイルがあったのでしょうか？　その変化をみていきます。

12世紀

平安末から女性の嫁入りが増え、"夫婦は永遠" の考え方が広がる

- 女性が生家を離れ夫の家に入るように
- 基本は一夫一婦制
- 夫婦別姓
- 夫婦は「縁友」といい対等な関係

3

嫁が夫の両親と同居するのは15世紀ころから。女性が男性の家に従属する習慣は、平安末期から鎌倉時代の嫁入りによってはじまったといえそうです。

17世紀

江戸時代の女性に「三従」の教え 「三行半（みくだりはん）」は女性の立場を守った

父
夫
子

- 「家」を単位とした身分社会
  女性は家長である男性に従った
- はじめは父に従い、嫁いだ後は夫に従い、
  年老いた後は息子に従う（三従の教え）
- 離婚は夫から「三行半（離縁状）」を渡した
- 三行半は再婚する際の証明書でもあり
  女性から要求することも

4

戦前までは、ほぼ江戸時代と同じ考え方が一般的でした。明治につくられた民法では妻は夫の姓を名のることが定められ、刑法では女性のみに姦通罪が定められました。

Theme **元号**

大化→令和の約1400年 世界で唯一元号が続く国

紀元前2世紀

元号は中国でうまれた

元号は朝鮮、ベトナムなど中国周辺にも 伝わったが現在は日本だけが使用

建元（けんげん）

紀元前140年 前漢の武帝が使った 最初の元号

武帝

`1`

元号は西暦やイスラム暦とは異なり、皇帝や天皇の代替わりなどで改められる有限の紀年法 です。発祥した中国では、現在は西暦が使用されています。

7世紀

800年後、日本ではじめての 元号がうまれる

中大兄皇子らの大化の改新のとき、 日本独自の元号を使用

大化

その後、一時断絶したが 701年の「大宝」以降は 連続して「令和」に至る

中大兄皇子

`2`

朝鮮や琉球など中国の周辺国の多くは、中国の元号をそのまま使っていました。日本は、元 号の仕組みこそ中国を真似たものの、元号自体は独自に決めたのです。

2019 年に日本の元号が「平成」から「令和」に改められました。日本人に長く親しまれてきた元号の制度は、どのように決められ、運用されてきたのでしょうか。日本で最初の元号が使用されてからの歴史を振り返ります。

~21世紀

令和までの元号の数
248

明治以前は天皇の代替わり以外にも
災厄や慶事などを理由に元号を改めた

地震・火事・洪水

干ばつ・飢饉

兵乱・疫病

銅の鉱脈がみつかった

珍しい亀が現れたからおめでたい

3

元号を改める「改元」の理由には、他にも「美しい雲がみえた」なども。改元は本来天皇の権限でしたが、室町時代以降には武家政権の発議・主導による改元が多くなりました。

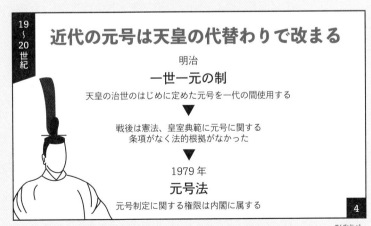

19~20世紀

近代の元号は天皇の代替わりで改まる

明治

一世一元の制

天皇の治世のはじめに定めた元号を一代の間使用する

▼

戦後は憲法、皇室典範に元号に関する
条項がなく法的根拠がなかった

▼

1979 年

元号法

元号制定に関する権限は内閣に属する

4

現在では元号は漢字 2 文字と決められています。数は少ないものの、奈良時代には「天平勝宝」「神護景雲」など 4 文字の元号も使用されました。

Theme 技術革新

社会のあり方をかえた
インパクト大の技術革新

1万
3000年前

縄文時代に土器がうまれ
煮炊きができるようになった

生では食べられない貝や木の実が食べられるようになった

低温で焼かれた
素焼きの縄文土器

必ずしも実用的ではない迫力のあるフォルムと装飾も

食料や水の保存にも
使われた

1

縄文時代より前、人々は食料を得るため移動して暮らしました。気候が温暖化し、小動物や木の実などの食料が増えると定住をはじめます。土器の発明も定住化の大きな要因でした。

14
〜
16
世紀

二毛作・三毛作が可能になり
農民が豊かになった

室町時代に灌漑農業などが進化。農民の経済力が向上した

低水位の小河川から水を汲み上げる揚水機が普及した

水稲の品種改良も進み
収穫量が増加した

刈敷、草木灰、下肥などの肥料が普及した

足踏みで揚水する竜骨車

2

古代から中世の農民は重い税に苦しみました。稲の収穫後、同じ土地に麦などを植える二毛作・三毛作がひろがり、面積あたりの収穫量が増えると農民たちは力をつけていきました。

戦後の日本はモノづくりに強みを持ち、大きく経済成長を遂げました。外国の文物から学び、自分の技術として定着させ、改良を重ねるのは歴史的にも日本が得意とするところ。社会を大きくかえた技術の進歩を振り返ります。

16世紀

鉄砲伝来と大量生産の成功で
戦争の形が大きくかわった

ポルトガル人の来航とともに2挺の鉄砲が種子島に伝来
強力な火力兵器の登場により合戦は短期化した

1挺を入手した津田監物（つだけんもつ）が量産化に成功

織田信長は大規模な鉄砲隊を編成し戦に勝利した

刀鍛冶の技術で鉄砲は独自に改良された

3

鉄砲製造の技術は堺に持ち込まれました。堺では部品が規格化され、別々につくられた部品を最後に組み立てる大量生産方式が実現しました。

19世紀後半

国産反射炉（はんしゃろ）を建設
工業の近代化がはじまる

建設開始はペリー来航より前

佐賀藩がオランダ語の技術書を参考に反射炉を建設した

築地反射炉絵図（公益財団法人鍋島報效会 蔵）

西欧で鉄鋼生産の主役だった反射炉を佐賀藩は実物をみることもなく自力で建設した

幕末に国内11カ所で反射炉が建設され工業と軍事が充実

4

国産第一号の反射炉建設から明治維新までは17年。明治の日本は驚くべきスピードで近代化しますが、その素地は江戸時代にできていたのです。

column
北海道

独自文化を育んだアイヌと和人が交わる北海道の歴史

17世紀

江戸時代にはじめて蝦夷地の一部が徳川政権に組み込まれる

14世紀に和人が蝦夷ヶ島（※）に進出してからおよそ300年後

アイヌの居住地

徳川家康から蝦夷地の支配を認められた蠣崎慶広が松前藩をおこす

17世紀後半の和人の居住地

1

※江戸時代より前は蝦夷ヶ島、江戸時代以降は蝦夷地と呼ばれた。

松前藩では米がとれず、家臣の給与はアイヌとの交易権でした。上級家臣に交易場の権利を分与する体制をとり、後には実際の交易を本州人の商人が請け負いました。

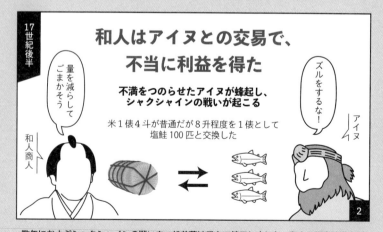

17世紀後半

和人はアイヌとの交易で、不当に利益を得た

量を減らしてごまかそう

ズルをするな！

不満をつのらせたアイヌが蜂起し、シャクシャインの戦いが起こる

米1俵4斗が普通だが8升程度を1俵として塩鮭100匹と交換した

和人商人

アイヌ

2

数年におよぶシャクシャインの戦いを、松前藩は武力で鎮圧しました。和人の蝦夷地進出がいっそう進む結果となり、松前藩は徐々に勢力をひろげていきます。

今の北海道は「蝦夷ヶ島」と呼ばれていました。和人（本州人）が、本格的に蝦夷ヶ島に進出したのは14世紀のこと。独自の言語と文化を持つ先住民族のアイヌと和人は、ときに衝突しながら交流してきました。

18〜19世紀

ロシア人が蝦夷地に接近すると 江戸幕府は調査・警備を進めた

蝦夷地も日本の一部だ！

幕府はこのときはじめて海防の必要を実感した

19世紀はじめ、江戸幕府は蝦夷地の大半を直轄地にした

3

18世紀になると通商を求めるロシア船がたびたび蝦夷地を訪れました。しかし、江戸幕府は外交・貿易を制限（鎖国）しており、松前藩や幕府はロシアの要求を拒否しました。

19〜21世紀

明治以降、政府の政策で 北海道の開拓が進められた

北方の国防と開拓を兼ねた 屯田兵が大量に入植した

明治政府はアイヌに対して、狩りや漁を禁止し、農耕を強いるなど同化政策を進めた

差別や偏見が残った

4

現代ではアイヌの権利回復と言語・文化の復興へ向け、多くの活動が行われています。2019年には「アイヌ施策推進法」が成立しました。

第**3**章

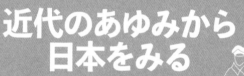

近代のあゆみから
日本をみる

19世紀後半の明治維新以降、歴史の変化は加速します。変化のスピードがまったくかわるため、本書では前近代と近現代の章をわけて構成しました。幕末から太平洋戦争後までの100年足らずで、2度の世界大戦を含む戦争やめざましい経済発展、憲法制定など、日本は多くを経験しました。多岐にわたるテーマが交互に語られがちですが、経済発展や対外戦争といったテーマごとに変化を追うと、近代化の様子や戦争に向かうまでの経緯が整理されます。現代を生きる私たちにとって、示唆に富む内容が詰まった章です。

欧米の力に衝撃を受けた
明治維新までの15年余り

1850年代

巨大な蒸気船で来航した
米ペリー提督が開国を要求

江戸幕府が独断で条約を締結すると、賛否両論がでた

外国人大っ嫌い！

天皇に従い
外国人を打ち払え！

朝廷と幕府でともに
国難にあたろう！

権威を
回復
したい

孝明天皇

長州藩など

国論は二分

薩摩藩など

幕府

ペリーたちの巨大な船は、蒸気で外輪を動かし、風や潮の流れにさからって進むことができました。多くの日本人は恐れと驚きの眼差しで、外国人をみたのです。

1860年代

薩摩藩と長州藩が外国との戦争を経験
"打倒幕府"の気運が高まる

薩長両藩はいずれも欧米の軍事力に敗北し、ダメージを受けた

反外国はやめた！

欧米の国力は圧倒的！
彼らに学び、幕府を倒して
新しい国家を！

幕府に肩入れ、やめた！

坂本龍馬らの仲介で
同盟を結ぶ！

薩摩藩は、大名行列に遭遇した英国人を殺傷した生麦事件をきっかけに英国との戦争に発展。長州藩は下関の海峡を通る外国船を攻撃し、報復を受けました。

近代技術の力をみせつける蒸気船（黒船）の来航は強烈なインパクトとなりました。一部の藩は欧米諸国との戦争に敗北し、国力の差を身を持って感じることに。討幕の流れが加速し、日本は近代国家への道を進んでいきます。

1860年代

幕府は政権を返上するが
内戦への流れは止まらず

大政奉還

**最後の将軍徳川慶喜の政権返還の申し出を朝廷が受けいれ、
天皇による政治の復活が宣言された**

徳川慶喜

新政府で主導権をとろう！

幕府はなくなったが、まだまだだ！

旧幕府派は武力で倒す！

完全に徳川家は排除だ

薩摩藩や長州藩など新政府軍

LOSE　WIN

3

大政奉還の3カ月後、鳥羽・伏見の戦いが勃発。勝利した新政府軍は、一気に江戸へ軍を進めます。幕府は江戸を戦場にすることを避け、江戸城を無血開城しました。

1860年代

旧幕府勢力に勝った新政府の方針
天皇を中心とした中央集権国家

江戸を「東京」と改め
天皇は京都から
江戸城へ移る

元号を「明治」とし
人心を一新

諸大名の領地と領民を
天皇に返上させた
（版籍奉還）

明治天皇

藩を廃止して
「府」「県」を置き
政府が任命した
長官が各府・県へ
（廃藩置県）

4

廃藩置県は、藩主から領地を取り上げ、領主権を奪う大改革でしたが、大きな抵抗はありませんでした。戊辰戦争で疲弊していた諸藩には、新政府に抗う力が残っていなかったのです。

Theme 憲法制定

時期尚早の声にも臆せず 東アジア初の憲法制定

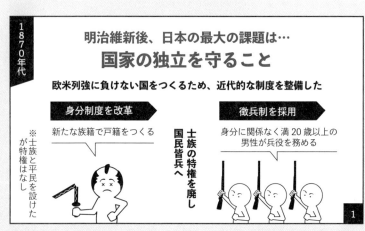

1870年代

明治維新後、日本の最大の課題は…
国家の独立を守ること

欧米列強に負けない国をつくるため、近代的な制度を整備した

身分制度を改革

新たな族籍で戸籍をつくる

※士族と平民を設けたが特権はなし

士族の特権を廃し国民皆兵へ

徴兵制を採用

身分に関係なく満20歳以上の男性が兵役を務める

1

徴兵令によって国民全体で軍事を担うとなれば、これまで兵士の役割を果たしてきた士族はいりません。明治政府はそれまで士族に支給していた俸禄を停止します。

1870年代

明治政府は諸国との外交関係を進めた
岩倉使節団がアメリカ・ヨーロッパへ

江戸幕府が結んだ不平等条約の改正を目指すが実現せず

近代的制度が整っていない日本とは対等に付き合えない！

残念だが国力が違いすぎるまず学ぼう

伊藤博文

約100名が1年9カ月で12カ国を歴訪

岩倉具視

大久保利通

2

岩倉使節団は1年9カ月をかけ12カ国を歴訪。条約改正が難しいと悟ると制度や文化の視察に注力。指導者たちが欧米の文物を目の当たりにしたことは日本の近代化に貢献しました。

19世紀後半、外国の要求を受け、不平等な条約に調印した日本は国際社会へ参加することになりました。不平等条約を改正し、欧米列強と対等になるために必要だったのが、憲法や議会など近代的政治体制の樹立でした。

1870年代

欧米と肩を並べる近代国家に！
国会開設から憲法制定への気運が高まる

板垣退助らが民撰議院設立建白書を提出

一部の指導者による専制政治が国を危うくしている！議会を設立して国民を政治に参加させるべきだ！

板垣退助

明治初期は薩摩藩・長州藩の出身者が要職を占めていた（藩閥政治）

3

民撰議院設立については新聞や雑誌上でさかんに議論されました。政府は徐々に立憲政治を実現すると約束しますが、一方で反政府的な言論を取り締まりました。

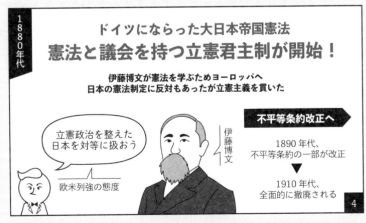

1880年代

ドイツにならった大日本帝国憲法
憲法と議会を持つ立憲君主制が開始！

伊藤博文が憲法を学ぶためヨーロッパへ
日本の憲法制定に反対もあったが立憲主義を貫いた

立憲政治を整えた日本を対等に扱おう

欧米列強の態度

伊藤博文

不平等条約改正へ

1890年代、不平等条約の一部が改正

▼

1910年代、全面的に撤廃される

4

立憲君主制は君主の権限を法で規定する制度です。天皇が統帥権などを握り、二院制の帝国議会が設立。国民は言論・出版・集会・信教などの自由と権利を制限付きで認められました。

Theme **経済発展**

近代日本が経済を発展させ 戦争のため壊してしまうまで

1870年代

新政府により産業・経済の近代化がスタート
政府は官営工場を設立し産業を育てた

明治政府の発足後に欧州を歴訪した大久保利通

「欧米諸国との国力の違いは経済力の差に原因がある！」

「お雇い外国人」が産業の育成を助けた

「西洋の技術教えます」

1

明治政府は幕府や藩の工場や造船所を引き継いで経営。さらに富岡製糸場などの官営模範工場を設立しました。後に官営工場は民間へ払い下げられ、財閥をうむ要因となりました。

1880〜1900年代

民間の工業が発達し産業革命がおこる

明治維新から約30年、軽工業で機械生産が定着

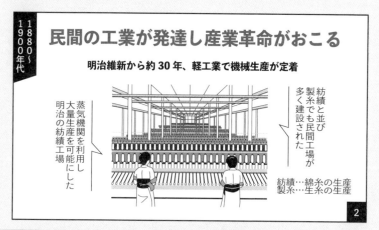

蒸気機関を利用し大量生産を可能にした明治の紡績工場

紡績と並び製糸でも民間工場が多く建設された

紡績…綿糸の生産
製糸…生糸の生産

2

政府が巨費を投じて産業を推進。紡績と製糸は有力な輸出産業になりました。一方、重工業は産業革命が遅れ、1900年代から製鉄や造船で急速に工業化が進みました。

明治維新の後、近代的な資本主義経済がはじまります。欧米の先進国から技術や制度を学び、わが国の産業・経済は大きく発展しました。しかし、日本は戦争への道を進み、育ててきた資本主義を手放してしまうのです。

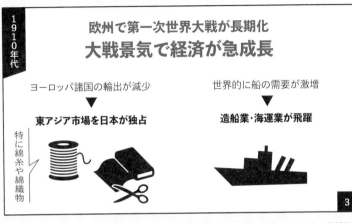

第一次世界大戦によって主戦場のヨーロッパは打撃を受けますが、日本やアメリカの経済は発展します。日本の工業生産額は農業生産額を上回り、アジアで初の工業国となりました。

日中戦争の開始から4年後、日本はアメリカとの太平洋戦争に突入。国家予算のほとんどを軍事費が占め、国民の生活は困窮。明治以来発展してきた経済・産業は一時壊されました。

Theme 近代の対外戦争

アジアの覇権をめぐる
近代日本4つの対外戦争

1890年代

ロシアに漁夫の利を許した
日清戦争

朝鮮は渡さん！

日本

中国

ロシア

朝鮮

スキがあれば朝鮮を
横取りしてやる

朝鮮の支配をめぐる
日本と中国（清朝）の戦い

● 朝鮮の農民反乱を鎮圧するために
　日清両国が出兵。日本が宣戦布告し
　中国の遼東半島まで制圧した

● 講和条約で日本の遼東半島領有が
　決まったが、ロシアなどに干渉され
　放棄（三国干渉）

● 朝鮮の従属化を目指したがロシアの
　進出で挫折

1

日本では干渉を行った三国（ロシア、フランス、ドイツ）、特にロシアへの反感が高まります。
「臥薪嘗胆（復讐を果たすため苦労に耐える）」を合言葉に敵意を増大させました。

1900年代

満身創痍の復讐劇
日露戦争

満洲と朝鮮は
もらった！

中国
（満洲）　朝鮮

日本

ロシア

欧米

まさか日本が
勝つとは！

朝鮮と満洲（中国東北地方）の
支配をめぐって日本とロシアが
戦った

● 日本は数年分の国家予算に相当する
　戦費、大量の死傷者をだしながら
　戦局を有利に進めた

● T. ローズヴェルト米大統領の仲介で
　講和

● 日本が朝鮮を保護国化＆南満洲を
　勢力範囲とした

2

日本軍は兵力、弾薬を消耗しつくしながら中国でロシア陸軍を、日本海でバルチック艦隊を
破りました。しかし、経済的にも軍事的にも、戦争を継続する余力はありませんでした。

欧米列強がアジア諸国を植民地化する中、独立を守った日本。やがてアジアの権益をめぐり欧米と対立し、勢力を拡大していきます。大敗を喫する太平洋戦争の前、明治～昭和の約50年で日本が戦った4つの対外戦争を振り返ります。

第1章　様々な角度から

第2章　社会と制度から

第3章　近代のあゆみから

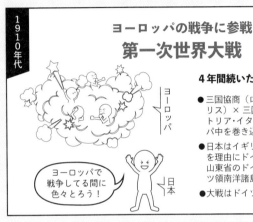

ヨーロッパの戦争に参戦
第一次世界大戦

1910年代

4年間続いた人類初の世界大戦

● 三国協商（ロシア・フランス・イギリス）× 三国同盟（ドイツ・オーストリア・イタリア）が対立し、ヨーロッパ中を巻き込む戦争に発展した

● 日本はイギリスとの同盟（日英同盟）を理由にドイツに宣戦布告。中国・山東省のドイツ租借地青島と、ドイツ領南洋諸島を占領

● 大戦はドイツの敗北で終戦した

3

ヨーロッパ／日本

（吹き出し）ヨーロッパで戦争してる間に色々とろう！

ヨーロッパの大戦に乗じて、日本は東アジアでの勢力拡大に成功しました。また、大戦中の貿易輸出によって、日本は債権国（借金より他国に貸している金額が多い国）となりました。

ドロ沼の長期戦で疲弊
日中戦争

1930～1940年代

北京郊外の盧溝橋で軍事衝突から戦争がはじまった

● 中国では国民政府と共産党が内戦していたが、協力して日本に抵抗

● 中国はアメリカ、イギリス、ソ連などの援助も受けて戦った

● 1940年代の太平洋戦争で日本が敗戦するまで、多くの血が流れる長期戦へ

4

（吹き出し）どちらもダメージが大きい…

中国／日本

ソ連　イギリス　アメリカ

日本軍は開戦早々に首都の南京を占領し、非戦闘員を含むたくさんの中国人を殺傷。その後、中国の抗戦に苦しめられ、戦争はドロ沼化しました。

Theme **戦間期の国内情勢**

日本が軍国主義化するまで 戦間期20年の国内情勢

1910～ 1920年代

第一次世界大戦の思想的背景を受け
大正デモクラシーの気運が高まる

第一次世界大戦は民主主義 VS 専制主義の戦いと意義付けられた

▼

民衆の利益と幸福を目的とした民意による政治を！

民本主義

「普通選挙を実施せよ！」

▼

1925年 男性普通選挙が実現した

1

1925年の男性普通選挙法では満25歳以上の男性全員に衆議院議員の選挙権が認められました。それまでは、納税額で選挙権を認める男性のみの制限選挙でした。

1920～ 1930年代

中国での権益を拡大しようとする
軍部の侵略戦争を国民が支持した

中国との協調外交を国民は批判　▶　**軍部が独断で行った 満洲侵攻（満洲事変）を国民が支持**

幣原喜重郎外相の外交　　　　　　軍部の暴走を政府が止められず

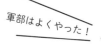

「軟弱外交だ！」

「軍部はよくやった！」

2

満洲事変の発端となった南満洲鉄道の爆破を新聞各紙は「中国側の計画的行動」とし軍部を賛美するキャンペーンを展開。現在では、爆破は日本軍の自作自演だったとわかっています。

第一次世界大戦の終結（1919年）から第二次世界大戦の開戦（1939年）までを「戦間期」といいます。民主主義運動が高まった大正デモクラシーから、わずか20年余で全体主義へ、日本の社会が大きく様がわりした時期です。

1930年代

軍部が政治の主導権を握り
定着しかけた議会政治はくずれていく

海軍青年将校が犬養毅首相を射殺 ▶ **陸軍青年将校が兵士を率い反乱**

五・一五事件

二・二六事件

いぬかいつよし
犬養毅

8年間続いた
政党内閣
が終わる

反乱は鎮圧されたが
軍部の発言権は
強まり内閣を左右
するまでに

3

五・一五事件で襲われた犬養毅首相は「話せばわかる」と語りかけましたが、青年将校らは「問答無用」と射殺。政党政治の衰退を物語る事件でした。

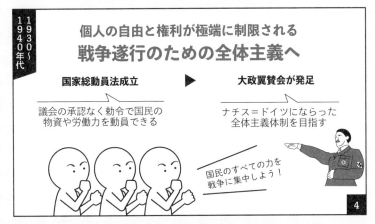

1930〜1940年代

個人の自由と権利が極端に制限される
戦争遂行のための全体主義へ

国家総動員法成立 ▶ **大政翼賛会が発足**

議会の承認なく勅令で国民の
物資や労働力を動員できる

ナチス＝ドイツにならった
全体主義体制を目指す

国民のすべての力を
戦争に集中しよう！

4

1941年、小学校が国民学校に改められ、学校教育でも軍国主義が大きな影響をおよぼすようになります。日本は太平洋戦争へ向かっていきました。

世界恐慌から侵略戦争へ
孤立深めた戦間期の国際関係

第1部

歴史篇

1920年代

第一次世界大戦が終結すると
世界は国際協調の時代へ

はじめての総力戦を経験した国々は国際連盟を設立

新兵器により
大量の死者

飛行機

戦車

化学
兵器

国際的な平和と協力の枠組みを

ウィルソン米大統領が提唱

世界的な軍縮に
日本も参加

1

第一次世界大戦の戦死者は900万〜1000万人にのぼりました。戦後、悲惨な戦争を避けるため国際連盟が発足し、日本はイギリス、フランス、イタリアとともに常任理事国に。

第2部　文化・精神篇

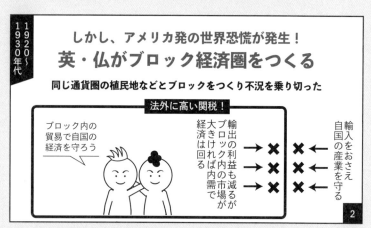

1920〜1930年代

しかし、アメリカ発の世界恐慌が発生！
英・仏がブロック経済圏をつくる

同じ通貨圏の植民地などとブロックをつくり不況を乗り切った

ブロック内の
貿易で自国の
経済を守ろう

法外に高い関税！

ブロックの利益も減るが経済は回る

輸出大きければ内需で

ブロック内の市場が

輸入をおさえ自国の産業を守る

→ ✕

→ ✕

→ ✕

✕ ←

✕ ←

✕ ←

2

ブロック経済が成立する条件はブロック内で自給自足ができること。イギリスやフランスなど、資源や植民地を「持てる国」は、ブロック経済によって自国を守ろうとしました。

2つの世界大戦の間、経済的な危機から国家間の協調関係がくずれました。この時期の世界は、現在と似たところがあるのかもしれません。難しい国際情勢の中で、近代の日本はどのようにあゆんできたのでしょうか。

さらに日本は中国北部にも勢力を伸ばします。北京郊外での武力衝突をきっかけに日中戦争が勃発。中国国内で争っていた国民党と共産党は力を合わせ日本に徹底的に抵抗します。

石油を輸入に頼る日本にとって禁輸は大ダメージ。戦争に慎重だった海軍も強硬派が大勢を占め、1941年12月8日、ハワイの真珠湾を奇襲しアメリカに宣戦布告しました。

Theme 太平洋戦争

アメリカとの太平洋戦争で
世界唯一の被爆国になった

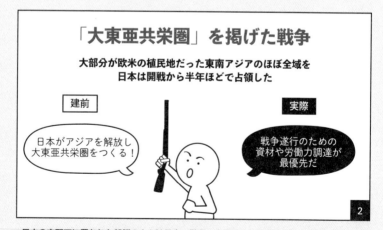

※ハルは米国防長官の名前

1940年代

日本はハワイ真珠湾へ奇襲攻撃
太平洋戦争開戦

日本が中国・東南アジアを侵略 ▶ アメリカが日本に石油輸出禁止など制裁 ▶ 「日本は占領地から撤退せよ！」アメリカの最後通牒 ▶ 日本は宣戦布告せずハワイ真珠湾を奇襲

ハル・ノート（※）

アメリカ
日本が譲歩して中国や東南アジアから撤退せよ

そんな要求が飲めるはずがない！！
日本

1

日本は4年前から大きな犠牲を払い、巨額の国費をかけて中国で日中戦争を戦っていました。即時撤兵を求めるアメリカの最後通牒（ハル・ノート）は到底受けいれられませんでした。

「大東亜共栄圏」を掲げた戦争

大部分が欧米の植民地だった東南アジアのほぼ全域を日本は開戦から半年ほどで占領した

建前
日本がアジアを解放し大東亜共栄圏をつくる！

実際
戦争遂行のための資材や労働力調達が最優先だ

2

日本の支配下に置かれた朝鮮の人々は日本へ徴用、中国の人々は連行され、労働に従事させられました。朝鮮、台湾の人々は徴兵され日本軍に加えられて、戦うことになります。

第二次世界大戦を自由主義諸国と戦っていたドイツ・イタリアと、日本は同盟を結びます。危機感を募らせたアメリカとの関係は悪化し、戦争回避への交渉も行き詰まります。太平洋戦争のはじまりから終戦までを追います。

初期の大勝利に国民は興奮したが 戦局は悪化し戦意はおとろえた

働きざかりの男性が戦場へ

食料や生活必需品が不足

報道はひたすら 「鬼畜米英撃滅」 を叫んだ

学生や中高年は 軍需工場に徴用

戦局が悪化すると 学徒出陣も

▶▶▶

3

戦争初期の高い支持を受けて、ときの東条内閣は衆議院議員総選挙を実施。政府系の団体が候補者を推薦する「翼賛選挙」によって、戦争遂行のための体制が整えられました。

原爆投下、無条件降伏へ 戦争で 300 万人の日本人が亡くなった

軍人・民間人

開戦から…
- 2 年 8 カ月　　戦略上の重要拠点サイパン島が陥落
- 3 年 0 カ月　　米軍の本土空襲が本格化
- 3 年 5 カ月　　米軍が沖縄本島に上陸・占領
- 3 年 9 カ月　　広島と長崎に原爆投下

長崎の原爆投下から 6 日
▼
日本はポツダム宣言を受けいれる

4

米英中がポツダム宣言を発し、日本軍に無条件降伏を呼びかけます。原爆投下後、日本は昭和天皇の裁断という異例の形で、戦争継続論をおさえ受諾しました。

Theme **新憲法**

天皇主権から国民主権へ
新憲法制定までの道のり

1940年代

太平洋戦争に敗れた日本は
連合国軍に占領された

日本を再び世界の脅威にしてはならない

連合国軍最高司令官総司令部（GHQ）

連合国軍最高司令官　マッカーサー

占領政策の基本方針
軍事力を放棄＆体制を民主化

民主的な改革には明治の大日本帝国憲法が障害だ

新憲法制定へ

1

戦後、ソ連は北海道の占領を要求しましたがアメリカが拒絶。日本は事実上、アメリカの単独占領となりました。日本が外国の軍隊の支配下に置かれるのは歴史上はじめてのこと。

日本政府の新憲法案では
天皇を国家の中心としたが…

政府案にはこんな文言が…
「天皇ハ至尊ニシテ侵スヘカラス」「天皇ハ軍ヲ統帥ス」

却下

非軍事化、民主化が不十分だ！

2

GHQは婦人参政権の付与、労働者の団結権の保障、教育の自由主義化、圧政的諸制度の廃止、経済の民主化を指示。しかし、日本政府の新憲法案は明治憲法を手直しする程度でした。

現行の日本国憲法は、太平洋戦争の敗戦後、米軍の占領下で定まりました。「押しつけ憲法」との指摘もありますが、憲法の規定する民主主義が、日本の繁栄を支えてきたのも事実です。新憲法誕生のプロセスをみていきましょう。

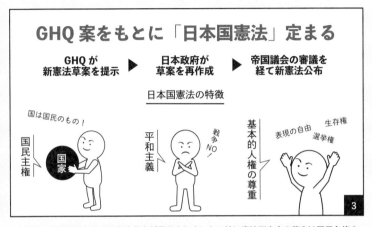

GHQ 案をもとに「日本国憲法」定まる

GHQ が新憲法草案を提示 ▶ **日本政府が草案を再作成** ▶ **帝国議会の審議を経て新憲法公布**

日本国憲法の特徴

国民主権
国は国民のもの！
国家

平和主義
戦争 NO！

基本的人権の尊重
表現の自由
選挙権
生存権

3

この間、民間からも多くの憲法草案が発表されました。特に憲法研究会の草案は国民主権を明記していたため、GHQ 案に大きな影響を与えたといわれています。

天皇による支配から民主主義へ

戦前の大日本帝国憲法（明治憲法） ⟶		戦後の日本国憲法（新憲法）
天皇	**主権**	国民
侵してはならない神聖な存在	**天皇**	日本国、日本国民統合の象徴
天皇が統帥、兵役の義務	**軍隊**	戦力を保持しない（戦争放棄）
制限付きで自由や権利を認める	**人権**	永久不可侵の基本的人権を認める
制限選挙から男性普通選挙	**選挙**	普通選挙

4

日本国憲法とともに地方自治法が制定され、都道府県知事や市区町村長は直接選挙で選ばれることになりました。民法も改正され、女性にも男性と同じ権利が認められました。

Theme 現代日本

多様な価値観をつなぐ拠点に
現代日本が秘める可能性

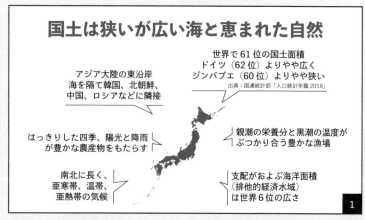

国土は狭いが広い海と恵まれた自然

世界で61位の国土面積
ドイツ（62位）よりやや広く
ジンバブエ（60位）よりやや狭い
出典：国連統計部「人口統計年鑑2018」

アジア大陸の東沿岸
海を隔て韓国、北朝鮮、
中国、ロシアなどに隣接

はっきりした四季、陽光と降雨
が豊かな農産物をもたらす

親潮の栄養分と黒潮の温度が
ぶつかり合う豊かな漁場

南北に長く、
亜寒帯、温帯、
亜熱帯の気候

支配がおよぶ海洋面積
（排他的経済水域）
は世界6位の広さ

1

農産物、水産物が豊かな反面、鉱物、エネルギー資源が乏しいのも日本の特徴です。原材料を輸入し、付加価値の高い製品を製造し、世界各地に輸出してきました。

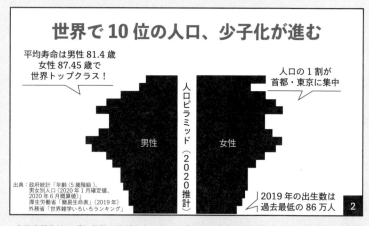

世界で10位の人口、少子化が進む

平均寿命は男性81.4歳
女性87.45歳で
世界トップクラス！

人口の1割が
首都・東京に集中

人口ピラミッド（2020推計）

男性

女性

出典：政府統計「年齢（5歳階級）、
男女別人口（2020年1月確定値、
2020年6月概算値）」
厚生労働省「簡易生命表」（2019年）
外務省「世界雑学いろいろランキング」

2019年の出生数は
過去最低の86万人

2

少子高齢化はいずれ世界の国があゆむ道。環境問題や地方過疎化など、いち早く問題に直面する日本は「課題先進国」であり、新しい社会への取組みを世界に示すことが期待されます。

第1部の最後は、現代の日本が世界の中で占める立ち位置を考えます。日本は自然に恵まれた島国であるだけに、独特の文化・歴史を育んできました。だからこそ、21世紀の世界でできることがあります。

1950年ごろからの高度成長期を経て日本は経済大国に。現在では生産工場が海外に移転するなど、産業の空洞化が進みました。知識集約型の先端工業に活路をみいだしています。

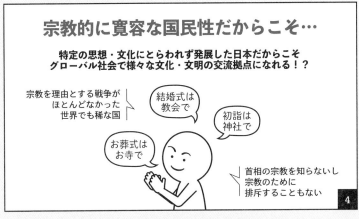

古くは中国、近代以降は西欧と、諸外国の文物をとりいれ発展してきた日本。キリスト教の伝統を受け継ぐ欧米諸国が並ぶG7の中で、唯一アジアの国家として参加しています。

第1章　様々な角度から

第2章　社会と制度から

第3章　近代のあゆみから

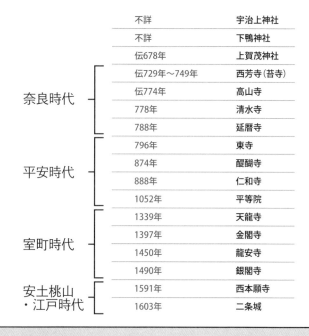

戦乱と復興を経ながら栄えた千年の都京都のあゆみ

世界遺産の創建年から長きにわたる都市の成長がみえる

ユネスコの世界文化遺産「古都京都の文化財」の文化財の創建年数

時代	創建年	文化財
	不詳	宇治上神社
	不詳	下鴨神社
	伝678年	上賀茂神社
奈良時代	伝729年〜749年	西芳寺(苔寺)
	伝774年	高山寺
	778年	清水寺
	788年	延暦寺
平安時代	796年	東寺
	874年	醍醐寺
	888年	仁和寺
	1052年	平等院
室町時代	1339年	天龍寺
	1397年	金閣寺
	1450年	龍安寺
	1490年	銀閣寺
安土桃山・江戸時代	1591年	西本願寺
	1603年	二条城

1

少なくとも8世紀の奈良時代から、京都には今日の世界文化遺産に登録される文化財がつくられてきました。その創建年をみてみると、17世紀までの長きにわたって断続的に、寺院や城郭が建設されていることがわかります。もちろん、京都にはこの他にも貴重な文化財がたくさんあります。名実ともに「千年の都」なのです。

「古都京都の文化財」として 17 カ所が世界文化遺産に登録されています。京都は長く政治・経済・文化の中心となった千年の都です。これほどの長期間、栄えた都市は世界的にめずらしく、日本では他にありません。

京都の歴史はとにかく長い！
1200 年前に日本の首都になった

8世紀末

8 世紀末、都が平城京 (奈良) から平安京に移る

何度も戦乱にあいながら、そのたびに復興した政治・経済・文化の中心地

2

鎌倉や江戸に幕府がひらかれたことはあっても、天皇は京都に住み続けました。明治になり皇居が東京へ移るまで、日本の首都として様々な歴史の舞台となります。

政治の中心は江戸、経済は大坂へ
京都では手工業が発展

17世紀

**江戸時代には新たな伝統がうまれ
文化的な中心であり続けた**

西陣織　　　京染め（友禅）　　　京焼（清水焼）

3

伝統に支えられて、江戸時代の京都は手工業の中心地となりました。京都の製品は全国各地に出荷され、その技術も地方にひろがっていきました。

第1章

文化から
日本をみる

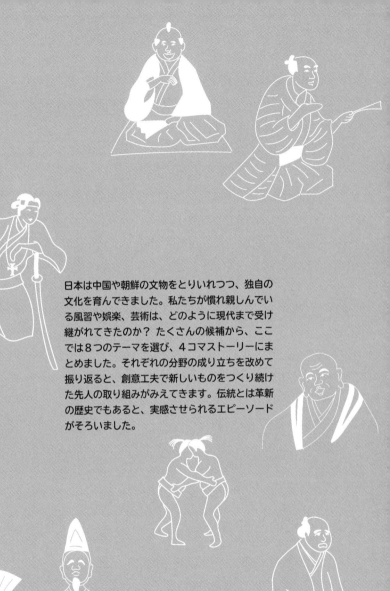

日本は中国や朝鮮の文物をとりいれつつ、独自の
文化を育んできました。私たちが慣れ親しんでい
る風習や娯楽、芸術は、どのように現代まで受け
継がれてきたのか? たくさんの候補から、ここ
では8つのテーマを選び、4コマストーリーにま
とめました。それぞれの分野の成り立ちを改めて
振り返ると、創意工夫で新しいものをつくり続け
た先人の取り組みがみえてきます。伝統とは革新
の歴史でもあると、実感させられるエピーソード
がそろいました。

Theme **日本語**

成り立ちから考える
日本語と３つの文字の特殊性

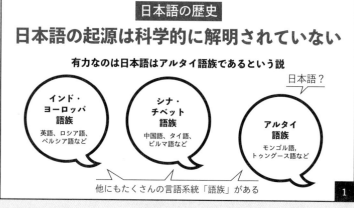

日本語の歴史

日本語の起源は科学的に解明されていない

有力なのは日本語はアルタイ語族であるという説

インド・
ヨーロッパ
語族

英語、ロシア語、
ペルシア語など

シナ・
チベット
語族

中国語、タイ語、
ビルマ語など

日本語？

アルタイ
語族

モンゴル語、
トゥングース語など

他にもたくさんの言語系統「語族」がある

1

語族とは共通の祖語をルーツに持つ言語のグループ。文法や語彙の似ている言葉は、同じ語族だと考えられます。日本語は語族を特定できるほど、他言語との類似がみられないのです。

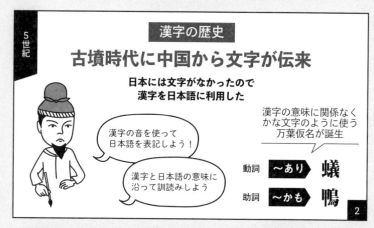

5世紀

漢字の歴史

古墳時代に中国から文字が伝来

**日本には文字がなかったので
漢字を日本語に利用した**

漢字の音を使って
日本語を表記しよう！

漢字と日本語の意味に
沿って訓読みしよう

漢字の意味に関係なく
かな文字のように使う
万葉仮名が誕生

| 動詞 | ～あり | 蟻 |
| 助詞 | ～かも | 鴨 |

2

漢字が伝来するまで、日本人は文字を持っていませんでした。文字を手にいれてさっそく、日本語に当てはめて万葉仮名のように利用するとは、日本人らしい工夫です。

日本語には似た言語がなく、ナゾの多い言語とされます。ひとつの言語の中で、漢字、カタカナ、ひらがなと、3種類の文字を使い、ひとつの文章に混在させる点もユニークです。日本語と日本の文字の成り立ちをみていきましょう。

カタカナの歴史

漢字の一部分を仮名にした

万葉仮名は書くのが大変。手早く書くために独自の文字ができた

9世紀

阿 ▸ 阿 ▸ ア ▸ ア

はじめ漢文訓読のために使われ
漢文は主に男性が使用したので
「男手」と呼ばれた

3

カタカナの成立は平安時代初期。字体は書く人によっており、今ほど統一されてはいませんでした。字体が定まったのは平安時代の後期になってからです。

ひらがなの歴史

漢字をくずして仮名にした

万葉仮名の草書体をさらにくずして新しい文字に

9世紀

(奈) 奈 ▸ 奈 ▸ ふ ▸ な ▸ な

はじめは男性が使っていたが
こまやかな表現ができて
女性が使ったので
「女手」と呼ばれた

4

ひらがなが使われはじめたのも平安時代初期。ひらがなのもとになる漢字が必ずしも各音1字ではなく、同じ音を表すのに複数の字体が使われました。

第1章　文化から

第2章　宗教・思想から

Theme **和歌**

心打つ5音・7音のリズム
和歌の成熟と俳諧の誕生

神話の時代にはじめて和歌が詠まれた！？

スサノオノミコトがヤマタノオロチを退治し、
妻と住む地にたどり着いて詠んだという一首

八雲立つ 出雲八重垣 妻籠みに

八重垣造る その八重垣を

（『古事記』）

何重にも重なり合う雲が立ち上る　ここ出雲に立ち上るのは八重垣のような雲だ
妻と住む宮にも八重垣をつくっているよ　そう八重垣を

1

スサノオノミコトの和歌は伝説の一首であり、和歌の成り立ちははっきりとわかってはいません。しかし、1000年以上愛された日本固有の文芸であることは確かです。

最古の和歌集は奈良時代の『万葉集』

7〜8世紀

あかねさす　紫野行き　標野行き
野守は見ずや　君が袖振る

額田王

万葉集

7〜8世紀の
約130年間の
和歌4536首を収録

漢詩文に影響を受けて
型式が整い
和歌が古代貴族に
受けいれられた

淡海の海　夕波千鳥　汝が鳴けば
情もしのに　古念ほゆ

柿本人麻呂

編纂に関わった
とされる大伴家持
（おおとものやかもち）

2

『万葉集』には天皇から庶民の歌まで収録されており、このころには和歌の文化が日本にひろがっていたことがわかります。収録される全4536首のうち、4208首が短歌です。

和歌はからうた（漢詩）に対するやまとうた（日本の歌）の意味。主に5・7・5・7・7の31音で構成される短歌を指し、後に5・7・5の俳句がうまれます。5音・7音は現代の楽曲などにもみられる日本人の心のリズムです。

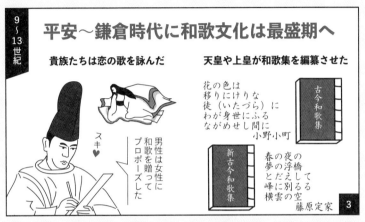

平安〜鎌倉時代に和歌文化は最盛期へ

9〜13世紀

貴族たちは恋の歌を詠んだ

スキ♥

男性は女性に和歌を贈ってプロポーズした

天皇や上皇が和歌集を編纂させた

花の色は
移りにけりな
徒（いたづら）に
わが身世にふる
ながめせし間に
　　小野小町

古今和歌集

新古今和歌集

春の夜の
夢の浮橋
とだえして
峰に別るる
横雲の空
　　藤原定家

3

平安時代の『古今和歌集』には四季の美意識や心情表現など、日本的な文芸、芸術の原形がみられます。鎌倉初期の『新古今和歌集』はその伝統上で技巧的な表現を発展させました。

室町時代に連歌が流行
江戸時代に俳諧が完成

14〜17世紀

明治に「俳句」となる

連歌

短歌の上の句と下の句を別々に詠む

5・7・5

7・7

俳諧

連歌から上の句だけを独立させた

俳諧を大成した松尾芭蕉

古池や
蛙飛び込む
水の音
　　松尾芭蕉

4

江戸時代にはおかしみを狙った談林風の俳諧が流行。松尾芭蕉はこの風潮に飽き足らず、全国を旅しながら「さび」「しおり」「細み」「軽み」を追求した蕉風俳諧を打ちたてます。

第1章　文化から

第2章　宗教・思想から

Theme 花見

天下人から庶民まで
花見の宴で盛り上がった

8世紀以前

古代の貴族は梅で花見
桜の花見は庶民の習慣に源流

奈良時代の貴族は梅の花と宴を楽しんだ

花は桜より中国の詩によくでる梅でしょう

『万葉集』で梅の宴を詠んだ大伴旅人（おおとものたびと）

庶民は桜の咲くころ、山や丘に入り飲み食いを楽しんだ

田の神を迎えた？

収穫を占った？

1

令和の元号は、『万葉集』が出典。大伴旅人の梅の花の歌三十二首の序文「初春の令月にして気淑く風和ぎ　梅は鏡前の粉を披き（ひらき）　蘭は珮後の香を薫らす（はいご）」から引用されました。

9〜11世紀

平安時代、天皇や貴族が
盛大な花見の宴を開催

平安の恋愛小説

嵯峨天皇が「花宴の節」を京都の庭園「神泉苑」で開催

花といえば日本固有の桜だよね！

嵯峨天皇

『源氏物語』でも花見の宴が描かれる

『源氏物語』の作者紫式部

2

飛鳥〜奈良時代（7〜8世紀）の歌を収録した『万葉集』では、桜より梅を詠んだ歌が多かったのですが、10世紀に編纂された『古今和歌集』では逆転し、桜が多くなります。

日本の花といえば桜。華やかに咲き、はかなく散っていく姿に心を奪われます。そして、なぜか日本人は古くから、桜をみながら宴会するのが大好きです。古代の天皇や貴族、あの戦国武将も桜と宴を楽しんでいました。

16世紀

安土桃山時代の豊臣秀吉も 壮大な花見を催す

徳川家康、伊達政宗など 戦国大名ら 5000 人を 引き連れた

吉野の花見

事前に 700 本の 桜を植樹し 1300 人余りの女性と

醍醐の花見

3

吉野の花見の際、3 日間降り続く雨にいらだち、「雨が止まなければ吉野山に火をかけて帰る」と無茶をいう秀吉。僧たちが必死で晴天祈願すると翌日は晴天になったとか。

18世紀

江戸時代、庶民の花見ブーム到来！

8 代将軍徳川吉宗は江戸の郊外に桜の名所をつくった

飛鳥山

向島は今の隅田公園

川沿いに桜を植えよう！ 見物客が堤防を 踏み固めてくれる！

徳川吉宗

御殿山

向島

4

江戸の桜といえば上野の山が有名でした。しかし、徳川家の菩提寺である寛永寺があったため騒ぐのはご法度。吉宗がつくった名所は庶民の花見客で大いに賑わったといいます。

Theme **能・狂言**

深淵・優美な舞踊劇
能と狂言に権力者も熱中

10〜14世紀

「猿楽」と「田楽」から
はじまった能と狂言

猿楽はモノマネ、曲芸、寸劇などの雑芸
田楽は田植えの歌や踊りに曲芸が混じる

室町時代の観阿弥が
猿楽の地位を高めた

中国の「散楽」から猿楽がうまれた

江戸時代まで、能は猿楽と呼ばれた

1

猿楽と田楽は様々な要素を含んだ芸でした。劇の要素が加えられたのは鎌倉時代中期だといわれます。猿楽と田楽の役者たちは一座をたて、競い合う中で能が成長していきます。

14世紀

世阿弥が猿楽に“幽玄の美”を加え
劇形式の能を大成した

世阿弥作「高砂」

夢幻能

神や亡霊、精霊など
霊的な存在が主人公
・深遠な美しさが
演出される

老人の姿をした松の精

狂言は能の合間に、
滑稽と風刺が
主に演じられた

2

世阿弥は有名な『風姿花伝』をはじめとする21の能の理論書と、50近い能の作品を残しました。能と狂言はこの後、幕府や大名の保護を受けて発展していきます。

独特の節の謡と舞踊で物語をつむぐ能、笑いを誘うセリフ劇の狂言。平安時代に起源を持ち、室町時代に成立してから600年以上の歴史を持ちます。能と狂言はどのように受け継がれてきたのでしょうか？

16〜17世紀

天下人も能・狂言に熱中した

豊臣秀吉は自分の功績を題材とした能をつくらせた

豊臣秀吉や徳川家康は自ら能や狂言を演じた

妻への手紙に「能の稽古で忙しい」

天皇の住まいで「禁中能」を開催

狂言は武士に人気が高かった

役者たちに給与を与え保護

江戸幕府は能・狂言を保護

3

能・狂言は戦国時代から江戸時代まで、武士の趣味であり教養でもありました。幕府だけでなく、各大名にも能楽師や狂言師が仕えました。

17世紀〜

江戸幕府は能・狂言を儀式に用いる「式楽」とした

特に5代将軍徳川綱吉は熱烈な能好きで家臣にも能を舞うことを強要するほど

庶民には能の歌だけを楽しむ「謡」がひろがった

高砂や　この浦舟に帆を上げて

4

徳川綱吉は能を手厚く保護しました。社会が安定し、後の将軍も能・狂言を保護したことで、流派などの組織、芸の内容とともに、現代につながる能が形づくられました。

第1章 文化から

第2章 宗教・思想から

Theme **歌舞伎**

奇抜にして常に斬新
受け継がれる歌舞伎の伝統

17世紀前半

歌舞伎のはじまりは女性が男装して
お色気たっぷりに踊った

出雲阿国が男装して舞い踊った
「かぶき踊り」

▼

後に三味線の伴奏がとりいれられ
女性が踊る「女歌舞伎」となる

▼

お色気を押しだしすぎたので
幕府から禁止される

奇抜な扮装の「かぶき者」を演じて舞った

1

女歌舞伎は観客の身分を問わず熱狂的な人気を集めます。しかし、女性が舞台に立つと風俗が乱れるという理由で、幕府や藩は女歌舞伎を禁止しました。

17世紀

男性のみの歌舞伎がはじまり
「女形」がうまれる

歌や踊りから
演劇へと変化

女歌舞伎が禁止された後、
美少年による「若衆歌舞伎」へ

▼

若衆歌舞伎も禁止され
成人男性のみの「野郎歌舞伎」へ

▼

女性役が必要なので
男性が演じる「女形」が定着

役者の技が
問われる
舞台芸術へ

2

歌舞伎はお色気から演劇や舞踊を楽しむエンタテインメントにかわります。女形の中でも若い女性、年配の女性、善人や悪人、滑稽な役回りと、役柄がわかれ洗練されていきました。

歌舞伎の語源は「かぶく」。異常な服装や行動をするという意味です。歌舞伎の演出は、奇抜な衣装やメイク、大げさな演技などが目を引きます。名優、名作者たちは工夫を凝らし、独自の表現をうみだしてきました。

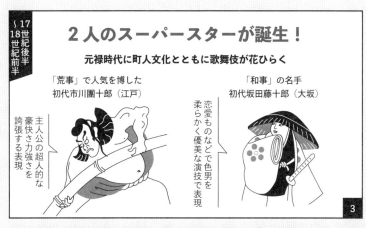

2人のスーパースターが誕生！

元禄時代に町人文化とともに歌舞伎が花ひらく

~17世紀後半
～18世紀前半

「荒事」で人気を博した
初代市川團十郎（江戸）

主人公の超人的な豪快さや力強さを誇張する表現

「和事」の名手
初代坂田藤十郎（大坂）

恋愛ものなどで色男を柔らかく優美な演技で表現

3

初代市川團十郎は演者であり台本の作者でした。荒事では、見栄や隈取など歌舞伎らしい表現を発明しました。初代坂田藤十郎は、落ちぶれた色男を写実的に演じ人気を集めました。

さらに名優たちがうまれ、
独特の表現が花ひらく

~18世紀
～19世紀前半

所作事の
初代中村富十郎

女性の情愛などを描いた舞踊劇で人気

生世話物の
5代目松本幸四郎

下層庶民の生きる姿まで生き生きと描く

怪談物の
3代目尾上菊五郎

意表をついた仕掛けで亡霊などを演じる

4

19世紀前半の文化・文政年間には狂言作者の4代目鶴屋南北が生世話物や怪談物の名作をうみだします。現代の歌舞伎につながる演出、大名跡が登場する時代です。

第1章 文化から

第2章 宗教・思想から

Theme **落語**

落語と寄席の文化をつくった
創造性豊かな噺家たち

16世紀末〜17世紀前半

豊臣秀吉に仕えた安楽庵策伝（あん らく あん さく でん）が
「話のオチ」をつけた

> 豊臣秀吉が召し抱えた
> 浄土宗の説教師

約1000の笑い話を収録した『醒睡笑（せいすいしょう）』

最後に落ち（下げ）がついていて
小咄（こばなし）や落語の母体になっている話も多い

1

策伝は大名が教養と娯楽のために召し抱えた御伽衆（おとぎしゅう）でした。御伽衆は学者や茶人、僧侶などがつとめます。策伝は落とし噺の名手で、文人、茶人でもありました。

17世紀後半〜18世紀前半

町人文化が花ひらいた元禄期
京・大坂・江戸で落語家が誕生

京	大坂	江戸
露の五郎兵衛	米沢彦八	鹿野武左衛門
大道で台に座って滑稽な話をした（辻噺）	生玉神社で仮設の小屋を建て辻噺をした	座敷に招かれ演じて評判に（座敷噺）

2

今でも上方落語では見台（小さな机）を打ち鳴らし話すことがあります。これは、上方の落語が大道で演じられていたため、大きな音で客足を止める必要があったからだといわれます。

巧みな話術で、私たちを楽しませてくれる落語家たち。江戸時代にはたくさんの寄席ができ、仕掛けや音曲を使うなど、現代では考えられない挑戦的な演出もうまれました。様々な工夫の上に、大衆娯楽の王道が完成したのです。

18世紀後半

江戸で落語ブームが起こり興行として成立する

3つのお題を入れて即興で一席

客の出す課題に応える三題噺を発明

烏亭焉馬（うていえんば）が「落とし噺の会」を開き評判に

▼

下谷稲荷神社（現下谷神社）で三笑亭可楽が寄席興行をひらいた

江戸職業落語家の元祖

三笑亭可楽

3

三笑亭可楽の初興行は失敗に終わったといいます。しかし、可楽は修業を続け、三題噺（客が3つの課題を出し一席にまとめる）などで人気を博します。

19世紀前半

200軒もの寄席が江戸にたち百花繚乱の演出が登場

鳴り物をいれて芝居噺を演じた

初代三遊亭圓生

落語は自由だ！

初代林家正蔵は仕掛けや人形を用いた怪談噺で人気を博した

浄瑠璃の節回しをいれた音曲噺

初代船遊亭扇橋

4

その他にも個性豊かな噺家が現れ、江戸市中では寄席が活況に。幕府は風俗の理由からたびたび寄席を取り締まりましたが、そのたびに復活し、大衆に寄席文化が定着していきます。

Theme 浮世絵

世界が憧れる浮世絵師を
厳しい庶民の目が育てた

17世紀

浮世絵の典型をつくりだしたパイオニア
菱川師宣
（ひし かわ もろ のぶ）

実際には無理な姿勢？

「見返り美人図」（肉筆画）

流行りの髪型や着物の模様、帯の結び方がよくみえる構図

▶ 挿絵から絵を独立させ
鑑賞用の浮世絵をうんだ

▶ 女性の美貌とともに
最先端のファッションを描写

▶ ぼう大な浮世絵を制作
工房をひらき後進を育てた

1

安房国（今の千葉県）にうまれ、独自の画風で活躍しました。「見返り美人図」は女性とともにファッションを描く、浮世絵の美人画スタイルを確立した傑作です。

18世紀後半～19世紀初

女性の内面をも映しだす美人画の第一人者
喜多川歌麿
（き た がわうたまろ）

▶ 女性の上半身を大胆に描く
「美人大首絵」を確立した

▶ 新しいスタイルの美人画が
江戸で大ヒットを博す

▶ 繊細な表情としぐさを通し
女性の美を生き生きと描く

町娘を躍動感ある曲線で

「ビードロを吹く娘」

2

歌麿は、主に役者が描かれた大首絵を美人画にとりいれ、絶大な人気を博しました。数々の名作を残しますが、幕府の規制に反抗し手鎖の刑を受けた2年後、失意のうちに没しました。

モネやセザンヌなど印象派の巨匠に影響を与え、海外でも芸術性が高く評価される浮世絵。多くは木版画で大量生産され、日本では手軽な庶民の楽しみでした。絵師たちは庶民に愛されるヒット作を目指し、画法に工夫をこらします。

〜18世紀後半
19世紀半ば

奇想天外な発想で常識を覆した天才
葛飾北斎
かつ しか ほく さい

- ▶ 北斎らの登場で風景画が人気ジャンルとなった

- ▶ 視覚的なおもしろさを狙うドラマチックな構成

- ▶ 遠近法をはじめ西洋の画法をとりいれた革新的な浮世絵

「富嶽三十六景　神奈川沖浪裏」

3

最新のハイスピードカメラで波を撮影すると、北斎の描写によく似た形がみられます。一見デフォルメした表現が、実は人の目でもわからない世界の本質を再現していたのです。

〜18世紀末
19世紀半ば

旅への憧れを刺激する名所絵の巨匠
歌川広重
うた がわ ひろ しげ

「名所江戸百景
大はしあたけの夕立」

隅田川にかかる新大橋
ゴッホが模写した名作

- ▶ 武家出身で古典の主題や大和絵の伝統を重視した

- ▶ 叙情的、詩的な名所絵が大衆から喝采をあびた

- ▶ 遠近法も巧みに使った写実的な表現が旅情を誘う

4

第1章　文化から

第2章　宗教・思想から

雨は現実には、上図のように線では降ってきません。しかし、広重の描く雨はリアリティを持って、みる人の心に伝わります。北斎と異なるアプローチで、主題の本質を表現しました。

Theme **相撲**

力士の戦いは神事？ 娯楽？
千年を超える相撲の伝統

8〜9世紀

収穫を占う神事から
平安時代には宮廷行事に

宮廷で 300 年続いた相撲節会。一定のルールを持った格闘技として成立する

全国から相撲人を
集めて闘わせた

天皇や貴族
が観覧した

豊作を占い、祈る神事
＋天皇への服属
を示す儀礼

1

『古事記』では、春日大社の祭神タケミカヅチと諏訪大社の祭神タケミナカタ、『日本書紀』では、野見宿禰と當麻蹶速という怪力の力比べが、相撲のはじまりと伝えられる。

16世紀後半

織田信長は熱烈な相撲ファン！

武士が活躍した鎌倉〜戦国時代、戦闘の訓練として相撲が行われた

織田信長は居城の
安土城に力士を集め
相撲大会を開催

勝ち抜いた者
を召し抱えた

2

宮廷行事の相撲節会が廃止されても、各地の寺社などで祭事の奉納、勧進（寺社や道・橋などの造営・修復の費用を調達するために寄進を募る）の目的で相撲が行われました。

「国技」とされるに十分な歴史を相撲は持っています。伝説では神々の力比べに、記録に残る範囲では平安時代の宮廷行事にはじまりました。祭の儀式→武士の鍛錬→都市の興行と、形をかえながら愛されてきたのです。

17世紀〜

江戸時代にプロの力士が人気を博す

浪人や力自慢の者から、職業としての力士がうまれる

歌舞伎と並ぶ庶民の娯楽に！

相撲興行はたびたび幕府に禁止されましたが、18世紀には江戸・大坂・京都を中心に組織化され幕府の公認を得ました。将軍の上覧相撲で娯楽の花形となります。

17世紀〜

土俵入りや化粧廻し、番付表など今日の大相撲の原型ができた

伝統を守りながらルールが整備されスポーツ化していった

江戸時代とかわらぬ姿の相撲を今もみられる

各地にあった相撲組織は、江戸時代に吉田司家を頂点とする体系に組みいれられます。現代の大相撲はその系譜を受け継ぎ、日本相撲協会が本場所や巡業の興行を行っています。

第1章　文化から

第2章　思想から　宗教

column 江戸　大災害をのりこえて 江戸は100万都市に拡大

1716 世紀末～ 世紀初

徳川家康の江戸入府から 都市の発展がはじまる

江戸幕府がひらかれると 旗本（将軍直属の家臣団） や大名の屋敷が築かれる

日本橋を起点に五街道が 整備されるとヒト・モノが 流入し城下町が拡大した

1

幕府は大名の妻子を人質として江戸に住まわせました。大名には江戸と国元の領地を行き来する「参勤交代」が課されます。大名行列が通行するおかげで、街道や宿場町が発達しました。

17 世紀半ば

大火災からの復興が 人口100万の大都市をつくった

10万人が亡くなった明暦の大火で江戸の6割が焼失！！

江戸城の天守も焼けた

復興を機に都市改造

↓

延焼防止の空き地をつくり 非常時に避難できる橋をかけ 町外れだった本所や深川を開発した

↓

都市の規模が拡大し やがて人口100万をこえる

2

東京には「広小路」と呼ばれる地名が残っていますが、これは延焼を避けるために設けられた「火除け地」。大火によって町が改造され、周辺部が都市に組み込まれました。

後に東京となる江戸が歴史の表舞台に登場するのは豊臣秀吉の時代。秀吉の命令で徳川家康が関東に国替えされ、ほどなく幕府がひらかれます。その後、約260年の間、日本の中心となり、当時世界最大とされる都市に発展します。

民衆の文化が花ひらく

19世紀前半

**浪人や神職・僧侶が指南役となり寺子屋で読み書きを教えたため
庶民の教育水準が高まった**

滑稽な旅行記『東海道中膝栗毛』
（十返舎一九）

多色刷りの錦絵「富嶽三十六景」
（葛飾北斎）

3

江戸時代初期は、富裕な町人が多く伝統文化の基盤がある上方の文化が栄えました。その後、文化の中心は江戸へ移り、江戸時代後期には江戸っ子の文化が最盛期を迎えました。

幕末の戦争で江戸は荒廃を免れ、「東京」として日本の首都に

19世紀後半

**戊辰戦争では西郷隆盛と勝海舟の
会談で江戸城総攻撃は回避された**

討幕軍を指揮した
西郷隆盛

江戸城は無血開城され
その後皇居となる

幕府側で交渉に
あたった勝海舟

4

薩摩藩の大久保利通らは大坂遷都を提案しましたが、採用されませんでした。天皇と新政府は江戸へ移り、「東京」と改められて日本の首都となったのです。

第**2**章

宗教・思想から
日本をみる

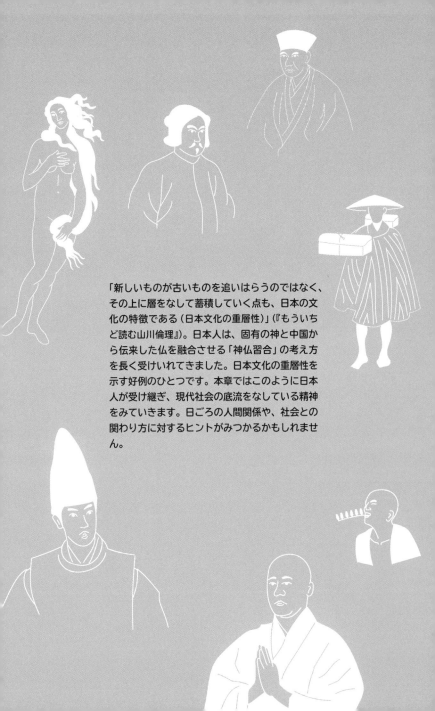

「新しいものが古いものを追いはらうのではなく、その上に層をなして蓄積していく点も、日本の文化の特徴である（日本文化の重層性）」（『もういちど読む山川倫理』）。日本人は、固有の神と中国から伝来した仏を融合させる「神仏習合」の考え方を長く受けいれてきました。日本文化の重層性を示す好例のひとつです。本章ではこのように日本人が受け継ぎ、現代社会の底流をなしている精神をみていきます。日ごろの人間関係や、社会との関わり方に対するヒントがみつかるかもしれません。

Theme 仏教

外来の宗教である仏教を日本人に適合させた

第1部 歴史篇

飛鳥時代、中国から仏教が伝来 新たな政治理念のひとつとなる

有力者が２つにわかれ争った ▶▶ 仏教を支持する派閥が勝利

仏教の考え方で国を治めよう！

日本古来の神様がいるじゃないか！

中国の最先端の思想・文化を学び政治に活かそう

厩戸王（聖徳太子）

1

仏教を支持する蘇我氏ら（崇仏派）と排斥する物部氏ら（排仏派）が激しく対立。崇仏派が勝利し蘇我氏が実権を握りました。後に仏教を重んじた厩戸王（聖徳太子）も蘇我氏の血縁者。

平安初期、中国で学んだ２人が 新しい仏教をひろめた

天台宗の最澄（さいちょう）は比叡山 延暦寺をひらく

別名：伝教大師

身分や能力に関係なく修行すれば成仏できる！

真言宗の空海（くうかい）は高野山 金剛峰（峯）寺をひらく

別名：弘法大師

秘密の呪法で仏に接すればご利益が得られる！

2

最澄と空海の仏教は、平安京（京都）以前の首都奈良の古い仏教への批判がベースにあります。次第に多くの僧を育てるようになり、信仰をひろめていきました。

仏教は約2500年前、インドでうまれました。その1000年後、中国を経て日本に伝来。当時の中国から学びつつ、社会の変化に合わせ様々な教えがうまれます。多様な宗派がうまれた鎌倉時代までの仏教の歴史を4コマで。

平安時代中～後期
死後の世界に救いを求める浄土教が流行

浄土教を信仰した空也は民衆に念仏をすすめました。源信は『往生要集』を記し、念仏をとなえることで極楽往生できる行法をあきらかにしました。

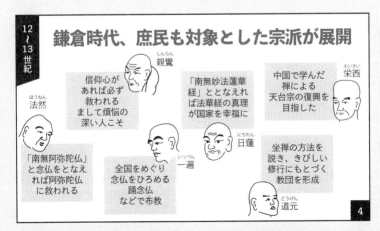

鎌倉時代、庶民も対象とした宗派が展開

鎌倉時代に成立した新仏教といわれる6宗派は、奈良～平安時代の教えを変革しました。既存の教団や幕府から迫害を受けながらも、武士や庶民にひろがっていきました。

Theme 神道

古来からの信仰が神道に
近代国家のイデオロギーにも

8世紀

奈良時代の『古事記』・『日本書紀』で
建国の神話がまとまった

神道がまつる日本の神々の伝承

神武天皇　　　イザナミ　　イザナギ　　　アマテラス

このころは、体系的な宗教というより習俗に近いもので、豊作を祈る春の祈年祭や収穫に感謝する新嘗祭（にいなめさい）が人々の重要な祭祀でした。祖先神の氏神もまつられました。

9～15世紀

仏教と神道が一体化されたが
様々な説や反論がうまれた

神仏習合（しんぶつしゅうごう）

神仏習合では仏を主、日本の神を従と考えられることもあったが…

伊勢神道
日本の神が真実身で
仏は神の仮の姿だ

中世の神道

唯一神道
森羅万象は神の所為で
日本の神のみが唯一だ

○　×

伊勢神道は鎌倉時代に伊勢神宮外宮の禰宜（ねぎ）である度会氏（わたらいうじ）が唱道した神道説です。神を仏の上に置きました。その後発展した唯一神道は、日本の神のみを肯定し仏を否定します。

日本人はそもそも、あらゆるものに神が宿るとする「八百万」の宗教観を持っていました（P.114参照）。その考え方を受け継ぎ、現代まで連綿と続くのが神道です。中国から伝来した仏教とも融合し、日本人に長く信仰されています。

18世紀

江戸時代、日本古来の思想を探究する国学と結びつく

国学者の本居宣長

仏教や儒教に影響されなかった、神々が住んでいたころの日本の精神に戻ろう！

神の子孫である天皇中心の古代の道へ帰るべきと考える

平田保胤の復古神道は幕末の反幕府運動の思想的な根拠に

3

国学者の本居宣長は、日本古来の精神に帰るべきだと説きました。宣長の国学をもとに、国学者の平田篤胤は国体と日本精神を強調する復古神道を打ちたてます。

19世紀

明治に国家神道が成立した

神社が国家体制に組み込まれ近代日本のイデオロギーのよりどころに

神の子孫である天皇が統治する国である

明治天皇

神道と仏教は完全に分離

4

明治の神仏分離令の後、仏教排斥の運動が激化します（廃仏毀釈）。政府は神道の国教化を試みるも失敗。しかし、すべての宗教に超越する宗教として国家神道をつくりました。

第1章　文化から

第2章　宗教・思想から

Theme **キリシタン**

先祖からの信仰と儀式を
守り続けた潜伏キリシタン

16世紀半ば

フランシスコ＝ザビエルが来日
キリスト教の布教がはじまる

織田信長は布教を許したため
九州を中心に信者が増えた

▶▶

豊臣秀吉は宣教師を
追放＆布教を禁止

OK!

NO!

信者は数十万！
高山右近ら
大名も信仰

庶民の信仰OK
大名はダメ！

1

秀吉がキリスト教布教を禁止した直接の理由は、スペインやポルトガルがキリスト教を通じて、日本を植民地化することに危機感を持ったからだといわれています。

17世紀前半

江戸幕府は禁教政策を強化
農民や信者が島原の乱を起こす

徳川家康は全国でキリスト教を禁止

▼

特に天草・島原地方では苛酷な年貢と弾圧

▼

天草四郎時貞を大将に反乱が起こる

▼

さらに厳しくキリスト教を弾圧

江戸時代で
最大規模の
農民の反乱
（島原の乱）

天草四郎時貞

2

豊臣秀吉同様に植民地化を恐れた江戸幕府は、信仰を禁じました。幕府は人々にイエス＝キリストや聖母マリアを彫った板を踏ませ（絵踏）、信者の摘発を強化しようとしました。

戦国時代に西洋から日本に鉄砲が伝来したころ、キリスト教もやってきました。宣教師たちが貿易と布教を一体化したことで、大名から武士、庶民までひろくキリスト教が伝わりました。「キリシタン」の歴史を振り返ります。

17～19世紀

250年以上にわたり、 潜伏キリシタンの伝統が受け継がれた

▶ 仏教徒や神社の氏子となりながら 密かにキリスト教の伝統・儀式を受け継ぐ

▶ 17世紀に大規模な摘発事件が 相次いでも長崎・天草は例外的に 潜伏キリシタンが生き残った

▶ 地下組織コンフラリア（信仰会） など組織的な絆の中で暮らした

3

潜伏キリシタンの伝統が受け継がれた理由は、信者の発覚が領主の過失ともなり、本人が信仰を表明しない限り密告も処罰もしない黙認もあったからだ、といわれています。

19世紀後半

明治政府がようやく禁教を撤回

信仰の自由を得た明治のキリスト教徒たちは 各地に教会を建設した

大浦天主堂（長崎県長崎市） 国宝／世界文化遺産

大規模な信者摘発事件の 現場にたてられた

4

2018年「長崎と天草地方の潜伏キリシタン関連遺跡」がユネスコの世界文化遺産に登録されました。現存する日本最古の天主堂である大浦天主堂もそのひとつです。

Theme **八百万**（やおよろず）

全知全能の絶対神ではなく
八百万の神を身近に感じる

自然物に霊が宿ると信じるアニミズムは世界の原始信仰にみられます。日本人は自然物にも、人工物にも、常識をこえた不思議な存在に霊が宿ると考えました。

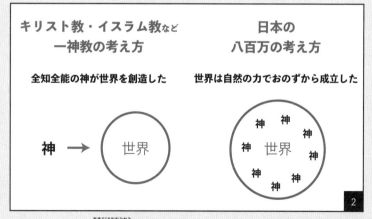

神道の最高神である<ruby>天照大神<rt>あまてらすおおみかみ</rt></ruby>でも、絶対的な神ではありません。司祭者的役割を持ち、人間の世界と神々が住む奥深い世界をつなぐ存在であるがゆえに、もっとも崇められました。

日本は古来より中国や朝鮮半島から文化的な影響を受けてきましたが、それ以前、日本人は世界をどうみていたのでしょうか？『古事記』『日本書紀』にみる八百万の考え方は、日本人の根底に流れる思想です。

神は自然に、そして無意識に直感するもの

平安末期の僧 西行(さいぎょう)が伊勢神宮を参拝し詠んだ歌

何事のおわしますかは知らねども
かたじけなさに涙こぼるる

かたじけない＝おそれ多い

神とはなにか？を理屈で考え、言葉で語るものではない

3

英語の「God」と日本の「神」では、概念に大きな違いがあります。八百万の神々は遠い天上の世界にいるのではなく、私たちの身近に感じられる存在なのかもしれません。

八百万は日本人らしい生き方に

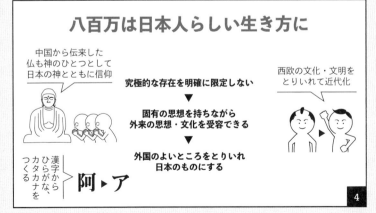

中国から伝来した仏も神のひとつとして日本の神とともに信仰

西欧の文化・文明をとりいれて近代化

究極的な存在を明確に限定しない
▼
固有の思想を持ちながら外来の思想・文化を受容できる
▼
外国のよいところをとりいれ日本のものにする

漢字からひらがな、カタカナをつくる

阿 ▶ ア

4

日本は位置的には大陸から孤立した島国ですが、宗教、食事、衣服など特定のものに固執せず、自由に外国の文物をとりいれ、発展してきました。

道ならぬ恋もやむなし!?
「もののあわれ」の概念

江戸時代の国学者 本居宣長が
古代の思想・文化を研究した

**外国からきた儒教や仏教に影響された理屈っぽい心を
「からごころ」（漢意）と呼んで批判**

> 純粋な古代の日本人の
> 「あかき心」を取り戻せ！

邪心のない清らかな心

本居宣長

1

外国（主に中国）の思想を重んじる風潮に対抗し、日本人本来の道を探究した本居宣長。『古事記』や『万葉集』、『源氏物語』などの古典を研究しました。

しみじみと感動する心が
「もののあわれ」

あわれ＝みるもの聞くものふれるものに心が感じてでる嘆息

花鳥風月や
男女の恋

感動！

> あわれなり

2

古代や中世の文芸作品では情緒的な感動が「あわれ」と表現されました。宣長が『源氏物語』を「もののあわれの文学」として論じたことがきっかけで、注目されるようになります。

江戸時代の国学者本居宣長が重要性を説いた「もののあわれ」は、文芸の本質であり、日本人の生き方にも通じる概念です。私たちは「あわれ」をどうとらえているのでしょうか？　宣長の主張を通して考えてみましょう。

文芸の本質は「もののあわれ」だ！

たとえば『源氏物語』（紫式部）
主人公の光源氏が多くの女性との恋愛を重ねる物語

光源氏はもののあわれを知る心ある人だ！

道ならぬ恋だなんて批判は無意味だ

読者は恋の美しさを味わえばよい！

「道ならぬ恋は戒めるべきだが、人は聖人ではなく、歌は自然な人の心に由来するのだから、道ならぬ恋の歌があるのは当然のことだ」と宣長は和歌を論じた著作で述べています。

ただ、自然のままの心情を重んじよ！

からごころ（漢意）		まごころ（真心）
中国の価値観で議論し、理屈で判断する	◀▶	うまれつきの、ありのままの自然な心で生きる

日本人は真心

『もういちど読む山川哲学 ことばと用語』の解釈
もちろん世の中を渡っていくには、我慢をし、耐え忍び、お世辞もいい、いつも自分に素直にばかりには行かない。それを承知の上で、なお自分を歪めず、屈折せず、偏屈にならず、自分の自然な心を活かしていく工夫が大事である

「無理な生き方は、どこかで行きづまる。世の中には無数の生き方がある。様々な生きる場所がある。そこから自分を自然に活かせる道を探し出そう」（『もういちど読む山川哲学』）

Theme **和の精神**

真摯な意見交換を大切に！
日本人が大切にする和の精神

7世紀初

厩戸王（聖徳太子）は憲法十七条で「和の精神」を説いた

豪族たちが激しく権力闘争を繰りひろげた時代につくられた憲法

和を以て貴しとなし…

国を治める役人としての
精神を説いた憲法の第一条

1

厩戸王（聖徳太子）は、そのころ中国から伝来した仏教や儒教と出会い、自らの考えを深めました。彼の宗教観、政治観はその後の日本に大きな影響を与えます。

和は「協調」であり「同調」ではない

**みんなが集まって様々な意見を述べ合う中から
物事の正しい道理をみいだそうとすること**

和とは全体への
無責任な従属
ではない！

議論への
誠実な態度！

2

「和」の概念は、「和音」が様々な音の調和で、単音にはない豊かな響きをうむことに似ています。単に調子を合わせたり、他人の主張に自分の主張を合わせる同調とは違います。

「人の和を大切に」「和を乱すな」といった言葉がしばしば交わされます。和は確かに日本人の美徳ですが、具体的にはどんな意味なのか？　厩戸王（聖徳太子）が説く和は、単に争いを避けたり周囲と同調することではないようです。

人はみな平凡な存在だから 和の精神が必要

完全な人間はいない
人はみな、悪や誤りを
おかしやすい

▶ 自分の意見を絶対化してはいけない

▶ 他者の意見を聞き 自分の意見と比べる

▶ 議論しながら正しい道理をみいだすべし

3

憲法十七条は、重大なことをひとりで決めず、多くの意見を交換するべきだとしています。議論しながら理想へ近づくことを、政治家の心構えとしました。

「凡夫の自覚」を持とう
ぼん　ぶ

憲法十七条第十条より

心のなかの怒りをなくし、怒りを態度にあらわさないようにし、他人が自分にさからっても怒らないようにせよ。人はみなそれぞれ考えるところがあり、その心はそれぞれ自分の考えに執着する。他人が正しいと考えれば、自分はまちがっていると考え、自分が正しいと考えれば、他人はまちがっていると考える。しかし自分が必ずしも聖人であるのでもなく、他人が必ずしも愚か者であるのでもない。みなともに平凡な人間なのである。

（『もういちど読む山川倫理』）

4

すべての人が、お互いに賢かったり愚かであったりすることは、「耳輪の始まりと終わりがつながっている」のと同じように当然のことだと憲法十七条に記されています。

Theme **侘びの精神**

不足と不完全を愛する美意識
侘びの精神が人々に刻まれる

安土桃山時代の茶人 千利休が「侘び茶」を大成した

16世紀に織田信長と豊臣秀吉に仕え、茶の湯を完成させる

現代茶道の主な流派の祖

豊臣政権の人事にも発言力を持った

最期は主人である秀吉の怒りを買い切腹

1

侘び茶は室町時代の茶人 村田珠光が源流となりました。千利休はその精神を受け継ぎ、織田信長の茶頭、豊臣秀吉の側近となり、茶の湯を完成させます。

利休が説く侘びの精神とは？

「侘び」は本来「心細いこと」「辛いこと」を指す言葉だが…

格の高い高価な道具などひとつも持たず、修行の深い覚悟、茶の作法を工夫することが「侘び」だ

2

利休は茶道具にも、何気ない日用品を見立てて使ったり、誰も気付かなかった物の美をみつけたりと、侘び茶にふさわしい美を探究します。

「わび」「さび」は日本的な美意識を代表する言葉のひとつではないでしょうか。
さびは「錆び」と書き、古びた様子を指します。では、「わび」＝「侘び」とは
何でしょうか？　千利休が大成した「侘び茶」の精神を考えます。

利休は従来の常識を破り
形の歪んだ「樂茶碗」を考案

室町時代に珍重された
中国の「天目茶碗」の一例

「曜変天目茶碗」
静嘉堂文庫美術館蔵

「曜変天目」は瑠璃色の
美しい斑紋が特徴

均衡のとれた形

利休が瓦職人の長次郎に
つくらせた「樂茶碗」

初代長次郎
黒樂茶碗　銘「面影」
公益財団法人　樂美術館蔵

手づくねでつくる
ため歪みが大きい

3

樂茶碗はろくろを使わず、手で土をこねて整形するため不均衡な形になります。「唐物」と
いわれ珍重された中国の茶碗とは、まったく趣が異なる利休の独創性がみえます。

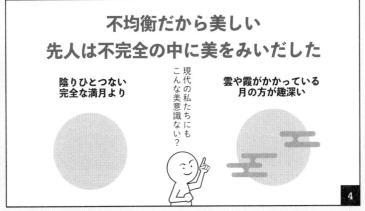

不均衡だから美しい
先人は不完全の中に美をみいだした

陰りひとつない
完全な満月より

現代の私たちにも
こんな美意識ない？

雲や霞がかかっている
月の方が趣深い

4

鎌倉時代の吉田兼好は「月は隈なきをのみ、見るものかは」と記し、村田珠光はそれを「月
も雲間のなきは嫌にて候」と置きかえました。日本人が古くから持っている美意識です。

Theme **粋（いき）**

スマート&セクシーの緊張関係
江戸っ子が貫く「粋」の美学

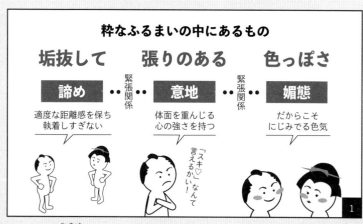

「『いき』とは畢竟わが民族に独自な『生き』かたの一つではあるまいか」と九鬼は述べています。『「いき」の構造』は抽象的な概念を論理的に解明するプロセスが興味深い作品です。

九鬼は「得ようとして、得た後の女ほど情け無いものはない」という永井荷風の記述を引用。恋する人とは一定の距離がある方が、より色気を感じるものなのかもしれません。

江戸時代にうまれた「粋」の美意識は、都会的で洗練された身なりやふるまいをいいます。日常的に口にされますが、どういう感覚なのか？　近代の哲学者九鬼周造が『「いき」の構造』の中で、解明を試みました。

九鬼は粋の"自然的表現"として、薄化粧や略式の髪型、素足ではく履物、手つきなどもあげています。確かに、ほのかな色気を感じさせる姿です。

九鬼は「粋に該当する言葉が西洋には存在しない」と指摘します。粋は日本特有の感覚であり、そのルーツは、仏教と武士道という古くからの思想にあるのです。

Theme **武士道**

世界に武士道を伝えた
名著が語る日本の心とは

「正義」こそ武士道の厳格な道理

「義」「勇」「仁」「礼」「誠」を重んじる

義　自ら決断して正義の道を進む

仁　慈悲の心を持つ

礼　礼節には心が伴う

勇　正義のために忍耐をもって戦う

誠　真実と誠実さを重んじる

1

勇など他の徳目も義＝正義がなければ意味がありません。社会や人間関係に影響される「義理」と異なり、人が絶対に従うべき道理だといいます。

名誉と主君への忠誠を守るため
死をいとわない

切腹

勇気や真心を示す意味がある

左脇腹から右脇まで引く「一文字」、さらにみぞおちから切り下げる「十文字」などの作法があった

2

「武士道は、道徳的な教義に関しては、孔子の教えがもっとも豊かな源泉となった」と新渡戸。他にも「死と親しむ心」の源流を仏教に、「愛国心と忠誠心」の源流を神道にみています。

「日本には宗教教育がない？どうやって道徳を教えるの？？」友人のヨーロッパ人に問われた新渡戸稲造は1900年、英文で『BUSHIDO: The Soul of Japan』を出版。今も日本人の根底にある「武士道」の精神を考えます。

明治の日本は西欧文明をとりいれ、近代国家へと変貌しました。武士階級は消えますが、日本が取り組んだ事業の原動力こそ武士道だったと新渡戸は記します。

「私たちの愛する桜花は、その美しい装いの陰に、トゲや毒を隠し持ってはいない。自然のなすがままにいつでもその生命を捨てる覚悟がある」と新渡戸。潔い武士の生き方に通じます。

Theme **三方よし**

「みんな幸せ」が一番儲かる！
三方よしのビジネス哲学

江戸時代に活躍した近江商人

近江地方（滋賀県）出身の商人たち

天秤棒をかつぎ
行商へでかけた

江戸時代には全国で活動
蓄積した資金を
金融業や醸造業で増やした

商家経営に共同企業／
複式簿記／退職金など
合理的経営法を採用した

伊藤忠、丸紅、西川産業など
有名企業のルーツにも

1

近江は水陸交通の要で、古くから市が栄えました。中世には商人たちが隊商を組んで隣国を往来するようになり、江戸時代には全国で商いをしました。

近江商人の経営哲学を表現した
「三方よし」

売り手よし　　**買い手よし**　　**世間よし**

2

三方よしは「商売において売り手と買い手が満足するのは当然のこと、社会に貢献できてこそよい商売といえる」（伊藤忠商事Webサイトより）という考え方です。

産業・経済が大きく転換している今、仕事や企業経営を考える上で役に立つのが「三方よし」です。近江商人の哲学とされ、現代も多くの企業の経営理念の基礎となっています。時代をこえて、商売の本質をとらえた考え方です。

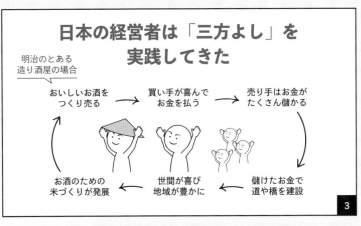

明治期には、近代化へ向けて全国的にインフラが整備され、地元の民間資本がその一端を担うことがありました。地域が潤えば商いが発展し、顧客を喜ばせることができます。

企業間に技術の差がなくなると、商品、サービスの機能や性能、価格にも違いがなくなります。環境や社会をよりよくする努力が、顧客が企業を選ぶ大きな要因になります。

商人がつくった天下の台所
経済と文化の都市大坂

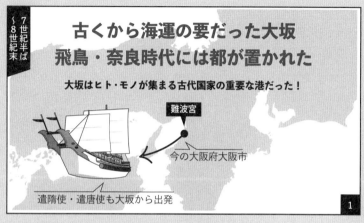

～7世紀半ば～8世紀末

古くから海運の要だった大坂
飛鳥・奈良時代には都が置かれた

大坂はヒト・モノが集まる古代国家の重要な港だった！

難波宮

今の大阪府大阪市

遣隋使・遣唐使も大坂から出発

1

かつて難波と呼ばれた大坂は、飛鳥時代から西国や中国・朝鮮との海上交通の接点として機能していました。652年、孝徳天皇は難波宮を建設しました。

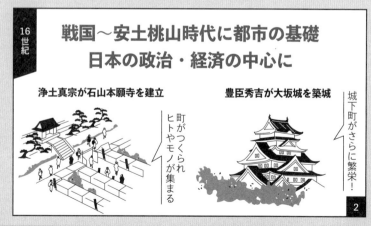

16世紀

戦国～安土桃山時代に都市の基礎
日本の政治・経済の中心に

浄土真宗が石山本願寺を建立

町がつくられヒトやモノが集まる

豊臣秀吉が大坂城を築城

城下町がさらに繁栄！

2

石山本願寺の寺内町には物資が集まり、後の大坂の発展の原型となりました。石山本願寺は織田信長に対抗し、10年あまりにわたる石山合戦の末に敗北しました。

大坂は交通、通商、軍事の重要なポイントであり、古くは大陸からの使者を迎える古代国家の港でした。江戸時代には「天下の台所」と呼ばれ、日本の経済を牽引。文化的にも華やかな歴史を持つ都市です。

17世紀初

豊臣家が徳川家に滅ぼされる

政治の中心は江戸へ
大坂は経済の中心に

天下の台所

大名が蔵屋敷を置いたことで経済が発展

大名が蔵の米や特産物を売ったので商業が栄える

原材料が大坂に集まり加工され全国へ出荷

例：菜種を仕入れ菜種油を出荷

3

大坂の陣で焼失した町は、町人の手で復興されました。政治の中心は江戸に移っても、大坂にはたくさんの物資が集まり、それらを扱う商人たちが集まりました。

17世紀後半〜

自由に生活を楽しむ
町人文化の発信地に

**近松門左衛門原作の
人形浄瑠璃がヒット**

男女の恋愛と世間の義理との葛藤を描いた

**歌舞伎がさかんに上演され
初代坂田藤十郎らを輩出**

恋愛物の名手

4

17世紀後半〜18世紀はじめの元禄時代に、大坂や京都の町人を中心とした文化が大きく花ひらきます。上方の文化的な伝統を受け継いだ大坂の豪商が、元禄文化を担いました。

巻末特集

おしえて！先生
［時代別］日本史講座

ここまで「タテ割り」（テーマ別）で様々な角度から日本の歴史をみてきました。ひとつひとつのストーリーがシンプルで要点をつかみやすい反面、同時代に並行して起こったことは、みえづらかったことでしょう。

〇〇時代には何が起こり、どんな社会だったのか？

改めて「ヨコ割り」（時代別）でできごとや時代ごとの特徴をみなおすと、歴史はよりおもしろくなります。

日本史に興味津々のフミオくんと、わかりやすく丁寧な教え方が愛されるトキオ先生のかけあいで、時代ごとの歴史をみていきましょう。

フミオくん

トキオ先生

縄文時代ってどんな時代？

土器を使いはじめ調理が可能に
食料が増え定住がはじまった

 先生、そもそも今の日本といわれる国はいつごろできたのでしょうか？

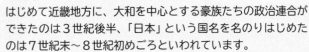 「日本」をどのように考えるかによります。
はじめて近畿地方に、大和を中心とする豪族たちの政治連合ができたのは3世紀後半、「日本」という国名を名のりはじめたのは7世紀末～8世紀初めごろといわれています。
「日本」にはもともと文字がなかったので、もっと前のことは遺跡や出土品から類推するしかありません。
日本人や文化のベースができたのは、縄文時代だと考えられています。

 縄文時代というと、何年くらい前のことでしたっけ？？
学校で習ったはずですが…

 大丈夫。細かい年代は重要ではありません。ですが大まかな時間軸を知っておくと、歴史がよりおもしろくなります。
縄文時代は、今からおよそ1万3000年前から2500年前をいいます。

 1万年以上も続いたということですか!?
日本の歴史のうち、ほとんどは縄文時代ということじゃないですか！

時間でみればそのとおりですね。
日本史の時代区分は、社会の変化を区切りに考えられています。
縄文時代は、人々の生活が安定し、定住をはじめた時代です。
それ以前の人々は、狩猟のために移動しながら暮らしていました。

どうして人々は定住するようになったのですか？

日本列島は、以前は松などの針葉樹林ばかりでしたが、気候が
暖かくなったことによって、ブナやナラなどの森が増え、食べ
られる木の実がとれるようになったのです。森では弓矢も使っ
てシカやイノシシをとらえていました。
また、海面が上昇し、内陸へ海が入ってきたので貝や魚をとり
やすくなりました。

食料が手に入りやすい環境になっていったのですね！

そのとおり。もうひとつの要因は土器の使用です。
土器を使って、煮炊きできるようになりました。すると、今ま
で食べられなかった貝や木の実などが、食べられるようになり
ます。

環境の変化と人々の工夫が食料を増やしたということか…

縄文時代は「縄文土器がつくられた時代」と定義されます。も
う少し詳しくいえば、人々がムラをつくって木の実を採集した
り、漁や狩猟で生活していた時代。豊かな社会だったと考えら
れはじめています。

次は 弥生時代

弥生時代ってどんな時代?

水稲農耕が定着し人口が増加
富を蓄える者が現れ階層社会がはじまった

縄文時代の次は弥生時代ですよね? 2つの時代の間に、決定的な社会の変化があったということでしょうか?

はい。おそらく縄文時代の末期に、朝鮮半島から水稲農耕が伝来しました。
水稲農耕と一緒に大陸の人々が、日本列島に移住してきます。
先住の縄文人と新たに渡来してきた弥生人が、今の日本人のルーツです。

農耕がさかんになると、さらに食料が安定するというのは想像がつきます。そのことで、新しい社会ができたのですね。

縄文時代の狩猟採集社会では、自然から食料を得ていました。
いいかえれば、もともと自然が持っている以上の食料はなかったわけです。
農耕社会になると、自然へ働きかけ、水を引いて食料を「生産」するようになります。自然が持っている以上の食料が得られるわけです。
弥生時代には灌漑農業も行われますが、多くの人が協力すればより効率よく、たくさんの食料が手に入ります。

共同体がどんどん大きくなるわけだ!! あの有名な邪馬台国も確か弥生時代後期に登場しますよね?

はい。ムラが集まりクニができました。大勢が協力して食料を増やし、さらに人口が増えるという循環が成立します。
さらに生産効率がよくなると、食料が余るようになります。すると、富を蓄える者が現れ、貧富の差が起こりました。
また、全員で農耕しなくても食料を確保できるので、社会の中で分業が可能になります。豊作を願う祭を取り仕切ったり、近隣の共同体との争いに対応するリーダーが登場しました。身分の別がうまれたのです。

後の世につながる階層社会は、弥生時代にできたのですね…。ところで、縄文時代にもムラがあったと思うのですが、リーダーや格差はうまれなかったのですか?

縄文時代にも集落のリーダーはいましたが、絶対的な権力者ではなかったといわれています。農耕で人口が増え、食料に余裕がうまれ、分業が可能になったことで社会の構造が複雑になっていったのでしょう。

先生の話を疑うわけではないのですが、なぜ縄文時代に身分の別がなかったとわかるのですか?

大きな根拠は、埋葬の遺構です。わずかな装身具などをつけて埋葬された司祭者的な人はいましたが、他と比べてあきらかに特別な墓とはいえません。
一方、弥生時代には、中国から伝わった鏡など貴重な副葬品や大きな墳丘を持つ墓が現れ、特別な階級が存在したことがわかります。支配する者と支配される者にわかれた時代なのです。

次は **古墳時代**

古墳時代ってどんな時代?

全国各地に巨大な墓が出現
大陸から新たな文化がやってきた!

エジプトのピラミッドのように、昔の権力者はとんでもなく大きなお墓をつくりますね。日本の古墳も同じようなものでしょうか?

有名なギザの大ピラミッドがつくられたのは、紀元前2500年ごろ。今から4500年前ですから、日本はまだ縄文時代です。エジプトはずっと早く社会が成熟していたのですね。
では、日本でどれくらいの古墳がつくられたか、わかりますか? ちなみにピラミッドは約140基が発見されています。

わざわざクイズにするということは、ピラミッドより多いわけでしょう。
ずばり、1000基!

残念。古墳は全国でおよそ16万基も発見されています。現在、日本で営業しているコンビニのなんと約3倍です!

ええっ、そんなにたくさん!?

古墳がつくられはじめたのは3世紀後半。
古墳は基本的には特定の人物の墓です。大きな墓をつくることで故人の権威を誇示し、権力の継承をアピールしたのでしょう。

世界遺産に登録された百舌鳥・古市古墳群は、ひとつひとつの古墳がとても大きいですよね。
大阪に相当力の強いクニがあったということでしょうか？

はい。それが後の朝廷となるヤマト政権です。あの特徴的な前方後円墳と同じ形の古墳が、東北南部や南九州にまでみられるようになります。

みんながヤマト政権の古墳をマネしたということですか？

進んでマネをしたのか、マネさせられたのかはわかりませんが、前方後円墳はヤマト政権が認めなければつくれません。同じ形の古墳が全国にあることは、ヤマト政権の枠組みに地方が組み込まれていた証拠だと考えられます。

東北地方から九州地方まで前方後円墳があることを考えると、だいぶ今の日本の国の形になってきたような…

原型はできてきましたね。ただ、国家としての体制が整っていたかといえば、まだまだ。国家として備えなければならない法律や役人の制度ができるのは、先のことです。
ところで、このころのヤマト政権は、朝鮮半島と密接な関係を持っていたんですよ。高句麗（朝鮮に勢力を持っていた国のひとつ）と交戦した記録があります。

何のために戦ったのですか？

このころは日本では手に入らない、朝鮮半島南部の鉄資源がほしかったのです。

対外的な交流がさかんな時代でした。大阪に巨大な古墳がつくられたのも、外国の使者に日本の力を誇示するためだったという説があります。

当時の大阪湾は水深が深く、大きな船も出入りできる天然の良港。海から見上げる丘の上に、巨大古墳がそびえていたのです。

当時の姿が再現された古墳をみたことがあります。古墳は今でこそ木々に覆われていますが、当時は石が敷き詰められ、埴輪が並べられたのですよね。壮観だっただろうなあ。

中国や朝鮮との文化的な交流も本格的にはじまり、社会に大きな影響を与える仏教や漢字も伝来しました。外国との緊張関係もある中で、海外の文化がとりいれられたのが古墳時代です。

次は 飛鳥時代

おしえて！ 先生

飛鳥時代ってどんな時代？

天皇による中央集権体制が成立
法による支配がはじまった

中国の文化は、当時の日本にすんなり受けいれられたのでしょうか？

いえ、特に宗教の導入には賛否があり、大きな争いが起こりました。今の神道ほど体系化されていませんでしたが、すでに日本には固有の思想、信仰がありました。
仏教を拒絶した「排仏派」と、仏教の思想で国家を統治しようとする「崇仏派」に有力豪族がわかれて戦いました。

今の日本にこれだけお寺があるということは、勝者は崇仏派ですか？

そうです。この後の数百年、仏教は国家統治の思想的な基盤になります。
政治の主導権は崇仏派のリーダー蘇我氏が握りました。あの厩戸王（聖徳太子）も蘇我氏の血縁者です。

厩戸王（聖徳太子）は有名な人ですが、具体的にはどんな功績があったのでしょうか？

はじめて仏教で国を治めようとした人で、大和・斑鳩の法隆寺や摂津・難波の四天王寺など、大寺院を建設します。
政治的には6世紀後半から7世紀はじめにかけて、蘇我馬子と

ともに新しい国家組織をつくろうとしました。たとえば、日本ではじめて文章で法を定めたのも彼です。役人の心構えを記した憲法十七条で、その第二条に仏教を篤く信仰するよう説いています。

法律をしっかり文章で記録しておくのはとても重要ですね。権力者の都合でルールをかえられたら、社会はとても混乱しそうです。

また厩戸王（聖徳太子）は、氏族によって身分や役職が世襲されてきた従来の制度を改めました。能力があれば出自に関係なく昇進して、重要な仕事ができるように定めました。冠位十二階という制度です。

おお！とても合理的な考え方ですね。

そうなんです。厩戸王（聖徳太子）の思想は、その死からおよそ20年後、7世紀半ばの「大化の改新」に受け継がれます。

中大兄皇子と中臣鎌足がクーデターを起こし、当時権力を握っていた蘇我入鹿を倒したのですよね。日本史の勉強で最初の山場、古代の大改革という印象はあります。

このクーデター（乙巳の変）からはじまる中央集権化を大化の改新といいます。当時の中央政府は有力豪族たちの連合政権で、それぞれが土地と人民を支配していました。その中で、天皇家はもっとも力を持っていただけで、他の豪族と決定的な違いは

ありませんでした。
これから数十年かけて、中国にならった律令国家 (詳細後述) の
建設を進めていきます。

豪族たちは、どのような立場になるのですか?

国家の官僚体制の中に再編されながら、位と官職に応じた給与
を支給される貴族になっていきます。

位と官職に応じて天皇を支えることになり、それまで力の差こ
そ存在したものの、ある意味で横並びだった天皇から、給与を
受ける立場になるわけですよね。反発が大きかったのではない
ですか?

すさまじく反発されたでしょう。実質的に改革が完成するまで、
数十年かかりました。

思えば、厩戸王 (聖徳太子) も出自に関係なく優秀な人材を登用
し、豪族の秩序を再構成しようとしました。「受け継いだ」と
はそういうことですね。

はい。刑罰に関する法である「律」と行政に関する法である
「令」が整備されたので、律令国家と呼ばれます。法を重視し
た点でも、憲法十七条をつくった聖徳太子のビジョンを受け継
いだのでしょう。
また、外国からの圧力も大改革を後押しする大きな要因でした。

この時代の外国というと、中国や朝鮮ですか?

 はい。乙巳の変から約20年後、朝鮮の国家間の争いに参加する形で、中国の唐と日本が激突しました(白村江の戦い)。日本は大敗しますが、中国を敵に回したということは、日本本土まで侵略される恐れがあります。

 内輪揉めするよりも、一致団結して強い国をつくる必要があると。

 日本ではじめて中央集権的な体制が構築されました。地方行政区画が整備され、それに則って明確な税制や兵役が定まるなど、国家のシステムが整備されていきます。日本という国号が使われれはじめたのもこのころです。

次は 奈良時代

おしえて！先生

奈良時代ってどんな時代？

国の基盤となる土地制度が動揺
律令体制が変化するようになった

8世紀はじめ、今の奈良県奈良市に平城京が築かれました。国家仏教が発展し、大きなお寺がつくられるなど、文化が華やかな時代でした。

 大仏で有名な東大寺などですね！　7世紀後半からの中央集権体制はうまくいったのでしょうか？

はじめのうちは天皇中心の政治がうまくいっていました。『古事記』や『日本書紀』といった歴史書が編纂され、「天皇は神の子孫である」といった考え方も確立します。
しかし、疫病が流行し、政争やクーデターが絶えない時代でもありました。東大寺をはじめとする大寺院も、国を治める願いを込めてつくられたものです。律令体制も8世紀半ばにはくずれはじめます。

 中国を模してつくりあげたシステムがなぜ？？

公地・公民制（P.48参照）とは矛盾することが進んだのです。「墾田永年私財法」という法律を知っていますか？

 テスト勉強で暗記しました！　確か内容は、新たに開墾した土地は、永久に開墾した人のものになるという…。

本当は政府の掌握する田地を増加させて租税収入を増やす政策だったのですが、貴族や大寺院、地方豪族による私有地拡大を進めることになりました。

 政府も土地の私有を認めざるを得ない事情があったのですね。

そうした事情をうまく利用して、藤原氏や、国に保護されて力を持った寺院は、地方の有力者と結んで土地を開墾し、私有地として増やします。「初期荘園」です。

 荘園！ あとの時代までたびたび登場するワードです。

奈良時代は、だんだんと律令体制が変化していく時代でした。農民間の貧富の格差が大きくなり、調・庸（税として徴収する絹・布・糸や地方特産品など）の品質悪化や滞納で財政も窮乏します。兵士の弱体化も進み、社会が大きく変質していったのです。

次は 平安時代

平安時代ってどんな時代？① 平安初期・摂関政治

千年の都平安京が誕生し
貴族の政治と文化が展開した

平安京に遷都して、平安時代になったのですよね。なぜ、奈良の平城京から都が移ったのですか？

8世紀末の桓武天皇は、天皇中心の政治をとりもどそうとします。そこで、寺院などの勢力がおらず、水運・陸運の便がよい山背（今の京都府南東部）に遷都しました（はじめは長岡京に移り、ついで平安京に遷都）。平安京は京として、その後幕末まで天皇が住む日本の都になりました。

それで、桓武天皇の目論見はうまくいったのでしょうか？

桓武天皇は農民の税や軍役を軽くするなど、民生の安定につとめます。次の嵯峨天皇も改革を受け継ぎました。
しかし、天皇中心の政治は、だんだんと藤原氏中心の政治へかわります。藤原氏の北家が摂政や関白となり、実権を持つようになります。藤原氏は天皇に自分の娘を嫁がせ、次の天皇をうませました。天皇の外戚として権勢をふるったのです。

摂関政治ですね。どれくらい続いたのですか？

藤原良房がはじめて摂政になったのが9世紀半ば、藤原基経がはじめて関白になったのが9世紀後半です。その後30年ほど途絶しますが、摂関政治は11世紀後半まで続きました。

摂関家の藤原氏はとても繁栄したというイメージがあります。

絶頂期にあった藤原道長は「この世をば わが世とぞ思ふ 望月の 欠けたることも なしと思へば」と謳います。「この世は私のためにあるように思える。私には満月のように欠けた部分がないのだから」という意味です。

主な政務は、政府中枢の太政官（だじょうかん）で貴族の公卿（くぎょう）により審議され、天皇もしくは摂政・関白の決裁を受けて政策が実行されています。公卿に意見が求められ、太政官を中心に政治が行われるシステムでした。

それでも、摂政・関白に権力が集中したのは、人事権を握っていたからです。中・下級貴族は摂関家に従属しないと収入の多い官職を得られませんでした。

それだけ強大な権力者がいたのなら、社会は安定したのでしょうか？

京では貴族間の政争はあったものの、12世紀まで大きな武力衝突は起こりませんでした。『源氏物語』や『枕草子』が書かれ、和歌といった華やかな文化が栄えました。

しかし、地方では戦いが続き、民衆にとっては「平安」とはいえない時代です。平安時代の後期には、疫病や戦乱で苦しんだ人々が救いを求めました。「死後の世界で幸せになろう」「念仏さえとなえれば救われる」という浄土教がひろがっていきます。

おしえて！ 先生

平安時代ってどんな時代？② 院政時代

天皇の位を子や孫に継がせた上皇・法皇の政治 やがて武士の政権がうまれた

絶大な権力を持っていた藤原氏も力を失ってしまうわけですね。

11世紀後半、170年ぶりに藤原氏を外戚としない後三条天皇が即位しました。その子の白河天皇は即位すると、幼少の子に譲位して上皇となります。摂政・関白にかわり、上皇が政治の実権を握りました。上皇の居所が「院」と呼ばれたので院政といいます。

なぜ、天皇として政治を行わず、上皇になったのですか？

天皇は、太政官を中心とした政府のルールに則って行動しなければなりません。しかし、天皇を退位した父や祖父ならば、従来のルールに関係なく権力を行使できるというわけです。院政はまず、白河、鳥羽、後白河上皇の３代にわたって続きました。

具体的には上皇らは何をしたのですか？

荘園を整理しました。
藤原氏たち貴族は経済的に大打撃を受けて、次第に政権内での地位も低下させられました。一方で、院や大寺院には荘園が集中しはじめました。

なぜ、院や大寺院に荘園が集まったのですか?

まず、荘園を整理できるほどの力を持つ、院に荘園をあずけておけば安心です。その上、上皇らは仏教を保護したので、興福寺や延暦寺などの大寺院にも荘園が集まりました。その力で僧兵を組織し、自分たちの要求を実現するために朝廷に強訴するようになりました。神木や神輿を担いでおしかけ、強引に要求を突きつける力を持ったのです。

なんと無法な。上皇も手を打ちますよね?

はい。それで上皇のもとで働いたのが、寺院の僧兵に武力で対抗できる武士です。この時代の武士は大きく力をつけ、貴族同士の権力争いにも決着をつけるようになりました。
その中で、最初に力を蓄えたのが平氏です。同じ武士でライバルの源氏を倒した平清盛が、上皇の力も利用して平氏政権をたてました。

従来の天皇や貴族に加えて上皇や寺院、武士と、院政時代には登場人物が増えていますね。

権力が分散化して、軍事の専門家である武家が力をつけたのは中世の特徴とされ、院政時代にその兆しがみえます。院政の時代は、古代の社会が大きく様相をかえ、新しい社会に移行する過渡期の約100年間でした。

次は 鎌倉時代 ▶

おしえて！ 先生

鎌倉時代ってどんな時代？

武士の政権「鎌倉幕府」がうまれた！
御恩と奉公の理念が武士を団結させた

平安時代の終わりに、武家の平氏が全国を支配するようになったわけですよね？ 次に鎌倉幕府をつくった源氏は、平氏にかわって全国を支配した…。

ちょっと違います。まず、平氏は武家でありながら何百年も続いた朝廷、つまり従来のシステムの中で実権を握りました。源頼朝はライバルの平氏を倒し、鎌倉幕府という新しい武家の政権をつくりました。

源頼朝はクリエイティブな人だったのですね。

それともうひとつ、「武士が全国を支配した」より「従来の地方支配に武士が割り込んだ」といった方が正しいでしょう。
鎌倉時代になっても、土地の支配権は武家に移ったわけではなく、従来どおり荘園領主（公家や大寺院など）にありました。鎌倉幕府は地方の治安を維持したり、税の徴収を管理するという理由で、守護や地頭といった武士を全国に配置しました。
鎌倉時代や室町時代の土地制度は、「公家と武家の二元支配」といわれます。

上皇や貴族だって、割り込まれてすんなり受けいれられるわけではないでしょう。揉めそうです…

幕府は守護・地頭の任命権を、軍事力を背景に半ば無理やり上皇に認めさせました。当然、反発もありましたが、結局のところ、京で暮らす公家たちも、地方支配のためには武士の存在を無視できなくなっていたのです。

幕府は武士たちをどうやって統率したのですか？ トップである将軍にも、「神の子孫である天皇」というような強烈な権威はありませんよね？

鎌倉幕府のトップははじめの３代までは源氏、その後は北条氏が世襲した執権が政治を行いました。
武士たちを統率したのは、「御恩と奉公」の考え方です。主人は臣下になった武士の所領を保障し（本領安堵）、手柄をたてた武士には新たな所領を与える（新恩給与）ことが御恩。臣下は戦いに参加したり、警備をしたりと、主人に命じられた任務を果たすことが奉公です。

ギブ・アンド・テイク！

現実的には御恩と奉公があるからこそ、幕府は大きな軍事力を動員できるのです。いわゆる主従関係が、封建制の根幹です。主人への忠誠を尽くす武士の美徳は、御恩と奉公がルーツでしょう。

武士たちの軍事力を結集することで、幕府の権力が安定したのですね。

そうですね。
ところが、鎌倉幕府が成立してから約90年後、御恩と奉公の原則をくずす戦いが起こります。「蒙古襲来」です。

モンゴル帝国が攻めてきた！

当時のモンゴル帝国は中国全土、朝鮮半島はもちろん、中東、ヨーロッパまで勢力を伸ばした大帝国。侵略されては大変だと、ときの執権北条時宗のもと、武士たちは一致団結して戦います。

「神風」が吹いてやっつけたんですよね！

諸説ありますが、タイミングよく暴風雨が起きたという証拠はありません。武士たちの軍事力が2度にわたる侵略の危機を退けたのです。しかし、モンゴル帝国との戦いは防衛戦で、勝っても恩賞として新しい領地が手に入るわけではありません。

一所懸命戦った武士たちに見返りがない！ ギブ・アンド・テイクの関係ではなくなります…

鎌倉幕府は、武士たちの強固な主従関係で成り立ってきました。蒙古襲来によってその根本がゆらいでしまいます。

外国からの圧力が大きく武家社会をかえたわけですね。

鎌倉幕府がひらかれた12世紀末から、江戸幕府が倒れる19世紀まで、約700年間にわたって武士がリーダーとなり、社会を変化させていきます。

幕府という新しい権力がうまれ、武士が経済的、軍事的に力をつけて支配の基礎をつくったのが鎌倉時代です。

次は 南北朝・室町時代

南北朝・室町時代ってどんな時代？

天皇家が両立した約60年間
統一後、室町幕府は絶頂期へ

鎌倉幕府を倒したのは、上皇・天皇や貴族の勢力？
あるいは武士ですか？

指導者は後醍醐天皇です。14世紀の前半、後醍醐天皇が天皇中心の政治を目指して討幕計画をたてていることが発覚します。しかも、2回。

後醍醐天皇は鎌倉幕府を倒せるような力を持っていたのでしょうか？

単独では難しかったでしょう。ただ、後醍醐天皇の行動を機に、あちこちで反幕府勢力がたち上がりました。
鎌倉から離れた西国を中心に、幕府に従わない「悪党」と呼ばれる武士団が力をつけていました。また、北条氏の専制政治に反感を持つ武士が少なからずいて、近畿で反乱を起こしました。

御恩と奉公という主従関係の動揺、矛盾があったのですね！

鎌倉幕府から反乱軍の追討を命じられ、京に進軍した足利尊氏は北条氏を裏切って後醍醐天皇側につきます。東国（関東地方）では新田義貞が挙兵して、鎌倉幕府を倒しました。

後醍醐天皇は鎌倉幕府打倒を成就したわけですね！ でも、その後の政治はうまくいかなかったのではないですか？

なぜ、そう思うのですか？

後醍醐天皇は天皇中心の政治を目指したのでしょう？ でも、実際に鎌倉幕府を倒したのは武士の軍事力です。武士の力を無視すると反発されてしまいますよね。「仲良く新しい社会をつくろう！」とはならなかったのではないかと。

さすがです！ 足利尊氏が後醍醐天皇らのやり方に不満を持つ武士を結集して、新政府に反乱を起こします。彼らが新たに光明天皇をたてると、後醍醐天皇は奈良の吉野に逃れました。
尊氏は光明天皇から征夷大将軍に任命され、幕府をひらいて武士の政治をはじめました。

その後、後醍醐天皇はどうしましたか？

後醍醐天皇側もゆずらず皇位の正統性を主張し続けたので、京（北朝）と吉野（南朝）に2人の天皇と2つの朝廷が並立する事態に。60年ほど続く「南北朝時代」です。

南朝と北朝のどちらが正統な天皇家と認められたのですか？

足利尊氏の孫で3代将軍の足利義満が、南北朝を統一します。義満は南朝の正統性を名目的に認めつつも、勢力が弱くなった

南朝の天皇を京へ呼び戻し、実質的に北朝へ吸収合併しました。

名を捨てて実をとったわけですね。

足利義満は太政大臣という公家の最高官にも就任し、武家と公家の両方の上にたって強権をふるいました。京の室町に「花の御所」をつくっので、「室町時代」と呼ばれています。有名な金閣寺をたてたのも義満なんですよ。

武家なのに公家の上にもたったと！
確かに相当な権力者でなければ、金閣寺のような絢爛豪華な建造物の造営はできないように思えます。

足利義満は、天皇にかわり「日本国王」と名のるほど繁栄を極めました。天皇中心の社会を目指した後醍醐天皇の思いとはうらはらに、武家がますます力をつけていたのです。
しかし、室町幕府は守護大名の連合政権的な性格が強く、盤石の体制とはいえませんでした。義満は有力な守護大名を徹底的におさえつけましたが、後の将軍にはそれが難しくなります。

次は　戦国時代

戦国時代ってどんな時代?

室町幕府の力が衰退し戦国大名が成長
群雄が相争う乱世に突入

足利義満の死後は、だんだんと将軍の力が弱まっていくのですよね。かわりに力をつけたのは?

守護大名です。

大名はよくでてくるワードですが、そもそもどういう意味でしょうか?
守護大名と戦国大名、江戸時代の大名では、それぞれ意味が違うのですよね?

そもそもは「多くの土地の耕作を請け負う大名田堵」からできた言葉です。中世になると有力な守護を大名と呼びました。
「守護」は鎌倉幕府の役職です。全国に守護が派遣され、室町時代にはより大きな力を持ったので「守護大名」として区別しています。

守護大名が経済的、軍事的に強くなれば、将軍のいうことを聞く必要性も薄れてきそうです。

将軍の権威が失われると、守護大名たちは互いに勢力争いをするようになります。そして15世紀半ば、「応仁・文明の乱」が勃発します。将軍家、有力守護の後継者争いなどが絡み合い、京を焼け野原にするほど激しい戦いを繰りひろげます。

応仁・文明の乱をきっかけに、戦国時代がはじまるのですよね。

力のある守護大名でも、長い間京で戦っていると疲弊します。すると、自分の領国で力をつけた有力武士（国人といいます）が、守護大名のいうことを聞かなくなります。実力で主君から自立する者が次々と現れ、下剋上の社会となっていきます。

個性豊かな戦国大名たちの活躍が、ドラマや映画、マンガになっていますね。

戦国大名のさきがけは北条早雲だといわれています。彼は京の出身ですが、駿河（今の静岡県中部）の今川氏に仕えてから小田原へ進出し、相模（今の神奈川県）を治めるまでになりました。

ぼくは戦国大名といえば、「甲斐の虎」の異名を持つ武田信玄が思い浮かびます。マンガなどで描かれるキャラクターからして強そうです。

武田氏は守護大名から甲斐の戦国大名となりました。武田信玄は戦の強さもさることながら、領国の富国強兵に取り組んだことでも知られています。金山を掘って独自の貨幣を流通させたり、現代も利用される堤防をつくって治水に尽力しました。「甲州法度之次第」という領国内での法もつくっています。
戦国大名は強いだけではなく、独自に領国を支配し、発展させた指導者だったのです。

鎌倉幕府が倒れてから戦国時代に突入するまでは約150年。守護大名、戦国大名へと、新しい権力がうまれ、強大化していった印象です。そのむこうに織田信長、豊臣秀吉の時代があるのですね。

それだけでなく室町幕府や戦国大名から独立して、民衆が自治を行った地域もありました。加賀（今の石川県）は浄土真宗（一向宗）の信徒たちが約100年にわたって自治を行い、「百姓の持ちたる国」とまでいわれました。
旧来の秩序が安定せず、下剋上の風潮が蔓延する中で、民衆の力も成長したことを忘れてはいけません。社会が大きく流動したのが室町・戦国時代です。

次は 安土・桃山時代

安土桃山時代ってどんな時代？

信長・秀吉・家康が全国統一を進め
秩序が再構築されていく

安土桃山時代は織豊時代ともいわれますよね。つまりは、織田信長と豊臣秀吉の時代だと。

16世紀後半の約30年をいいます。織田信長は尾張（今の愛知県）の守護代（守護大名が領国内に配置した代官）の分家にうまれました。尾張国内を統一すると、駿河、美濃（今の岐阜県）と勢力を伸ばし、39歳のときに室町幕府を滅ぼします。

それだけの快進撃なら、御恩と奉公式のギブ・アンド・テイクがよく効いたのではないでしょうか。

どんどん領地をひろげて、報償も受けられるなら家臣は必死で戦ったでしょう。信長は実力を重視しますから、家臣同士の競争がなおさら組織を強くしたはずです。
さらに信長が革新的だったのは御茶湯御政道です。

茶の湯とは、今も愛好されている茶道のことですか？

その源流となる文化です。信長は3代将軍の足利義満や8代将軍足利義政が所持し、名品とされた中国や朝鮮の茶器を恩賞として与えました。当時、茶の湯は身分の高い武士の教養とされ、信長から拝領する由緒ある茶器は、家臣にとって一国にも値す

る権威の象徴になったのです。

すごいアイデア!「土地がなければ成立しない」という御恩と
奉公のジレンマをのりこえようとしたのですね。
信長も武田信玄のように独自の政治を行ったのですか?

有名なのは楽市令ですね。戦国時代の城下町では、商人から営
業税をとるかわりに特権を与えるなど、領主が商業を制限して
いたのですが、信長はその制限をなくしました。
市では誰もが商売でき、商工業が活性化することで、城下町が
にぎわいます。旧態依然とした特権を廃した方が、領主と民衆
を含めた地域社会のメリットが大きいと判断したのです。
他にも関所を撤廃して、自分の支配領域内の物流をスムーズに
するなど、信長は積極的に経済政策に取り組んでいます。

信長には「残虐な暴君」といったイメージもあります。

一番有名な政策は、比叡山の焼討ちではないでしょうか。この
ころの寺社は多くの荘園を持ち、武装した僧兵が幕府や朝廷に
横暴を働くこともありました。仏教勢力はときとして大名に匹
敵する力を持っていたのです。信長はこれをタブー視せず、仏
教勢力を武力でおさえつけました。

そんな信長も全国統一に至る前に、かの本能寺の変で明智光秀
に攻められ、自害してしまいます。

その明智光秀も、豊臣秀吉にあっけなく敗れます。
その後、秀吉は天下人に昇りつめ、主人信長の悲願であった全国統一を成し遂げます。秀吉は天皇を補佐する関白・太政大臣の役職につき、天皇の権威を利用して政治を行いました。

秀吉の政策といえば太閤検地が印象に残っています。
検地って要するに測量ですよね？ そんなに大きな意義があったのでしょうか？

秀吉は今までとは違う厳格な検地を行いました。目的は土地の権利と生産能力をあきらかにすることです。
それまでは土地の利害関係者がたくさんいて、中間搾取も行われていました。秀吉はまず、土地の耕作権を百姓に認めて、百姓から直接年貢をとろうとしたのです。

シンプルな年貢負担の仕組みにすれば税収も増えるでしょう。
治水や都市の整備など社会にも還元できますね！

秀吉も同じことを考えたのです。検地をして、土地の権利を誰のものとし、どれくらい収穫できるか＝石高を明確にしました。その上で、「一地一作人の原則」で中間搾取を排除し、百姓から領主へ直接税を納める仕組みとしました。

すごくスッキリしました！
太閤検地と一地一作人の原則はセットで考えるべきですね。

もうひとつ、太閤検地の大きな意義が武士の統率です。配下の武士を動員する際、石高という一定の指標で、ださせる軍勢の量を明確にしました。大名に領地を与えたり、配置がえするときにも合理的でわかりやすい判断ができます。

 30万石から50万石に増えたら出世、逆に減ったらわかりやすい降格ですね。色々整ってきた感があります！

百姓から武器を奪った「刀狩」も、後の身分制度の基礎となりました。それ以前は、百姓が武装して集落を自衛したり、戦いに参加することが当たり前でした。武器を持って戦えるのは武士だけだと、明確に区別しました。

 ますます整ってきました！

ところが、秀吉が晩年に行った朝鮮出兵は大きな失策でした。朝鮮から中国に進出し、日本をはるかに上回る大国の明を服属させようとしました。

 中国を倒そうなんて、無謀だったのではないでしょうか？

当時、明の力は衰えていて、東アジアの秩序を再構築しようという発想は信長の時代からあったようです。
また、朝鮮出兵の理由には「報償として家臣に与える土地が国内になくなっていたから」という説も有力です。もう日本を統一してしまいましたから。

ここで御恩と奉公かぁ。 秀吉といえども、ギブ・アンド・テイクなしでは武士の統率がとれなくなっていたのでしょうか？
はじめに制度化した源頼朝はすごい！

武士の秩序を維持する封建制社会では、御恩と奉公がよほど強力な概念だったことは確かです。いいかえれば、戦って新しい土地を獲得し続けなければ、武家社会のバランスを保つことは難しいのです。
16世紀末、戦いのさなかに秀吉は死に、派遣された大名たちは朝鮮から撤兵。2年後に関ヶ原の戦いで徳川家康が天下をとります。

織田信長、豊臣秀吉、徳川家康は「三英傑」と呼ばれることもありますね。

戦国を終わらせ、全国統一を実現した3人です。彼らが活躍した安土桃山時代は、全国を治める単一のシステムが試行錯誤されました。3人はそれぞれ独自のやり方があり、スタンスの違いをみてみるとおもしろいです。

小説やドラマでも、3人の性格の違いは特徴的に描かれますね。

織田信長はタブーを持たず、ときに従来のシステムを否定します。破壊の上に新しい支配体制をつくろうとしました。
豊臣秀吉は信長の事業を引き継ぎ、さらに拡大させました。身分が低い出自の秀吉は、天皇の伝統的な権威を利用して支配を強固にしました。

家康はどんなスタンスだったのですか?

 徳川家康も信長、秀吉の事業を引き継ぎました。家康がすごいのは、古いシステムを破壊したり、権威を利用する、といった発想にとどまらなかった点です。幕府が天皇や公家、宗教勢力すらも包括する、これまでにないシステムをつくりました。

 家康がひらいた江戸幕府によって、ようやく日本の大部分がひとつのシステムで統治されるようになったのですね。

次は 江戸時代

江戸時代ってどんな時代？

石高制が支配を強固にした
幕藩体制が安定し、経済・文化が飛躍

江戸時代は大きな戦いのない時代だったのですよね。つまり報償となるような新しい土地を獲得することはない。それなのに、武家社会が存続したというのは、すごいことなのでは？

要因は様々ですが、「幕藩体制」と呼ばれる江戸幕府の統治は、かなりしっかりとした初期設計がなされていました。
関ヶ原の戦いで勝利した家康は、大名たちにプレッシャーをかけます。少しでも謀反が疑われる大名に対しては、領地の没収や削減、配置がえを強行していきました。家康から3代将軍家光までの間に、198家もが領地を没収されています。

圧倒的な武力を背景にした政治…。けれど、取りつぶさなければならないほど幕府に反発する大名が、そんなにたくさんいたのでしょうか？

功績のあった大名でも、法令遵守を示すために、小さな違反で取りつぶすなど、厳しすぎる処置もありました。
おそらく、みせしめ的な狙いでしょう。

没収した地に入る領主は、幕府が選ぶのでしょう？
逆らおうという大名はますますいなくなります…。

大名の配置も絶妙です。
もともと徳川家に仕えていた譜代大名を江戸の近くに、関ヶ原の戦い以降に恭順した外様大名は遠く離れた地に配置しました。
さらに、徳川家と血縁のある親藩を要所に配置し、地方ににらみをきかせたのです。こんなことができるのは…

 豊臣秀吉が太閤検地を行って、土地の生産量を把握していたから!

そうなんです! 検地で確立した石高制が、江戸幕府の支配の根本になっています。
2代将軍の徳川秀忠は、徳川家こそ全国の土地の領有者だと、大名や朝廷に認めさせました。その上で石高制にもとづき確認文書を発給し、大名、公家、寺社の所領を確定します。

 大名は幕府から土地を与えられた、つまり御恩を受けたことになります。奉公しなければいけませんね。

幕府は石高制をもとに、各大名に軍役を課しました。
有事の際に決められた軍勢をだすことが、大名の奉公です。

 しかし、平和な時代には軍役が必要なくなりますね。

そこで大切だったのが3代将軍家光のときにはじまった参勤交代です。1年おきに自分の領地と江戸を往復し、将軍と大名の主従関係を確認するとても重要な儀式でした。
大名は土地を領有し、比較的自由に領国の政治を行うことができましたから、幕藩体制は分割支配的な仕組みです。それでも、長い間平和な社会を維持できたのは、幕府と大名との間で絶妙なパワーバランスを維持できたことが大きいでしょう。

参勤交代なんて、ムダだと思っていました。

そんなことはありませんよ。参勤交代が社会に貢献した部分も大きかったんです。絶えず大名行列が行き来するため、街道や宿場町が整備されました。そのおかげで物流や交通が飛躍的に発展し、庶民も観光旅行に出かけられるようになりました。
また、大名やその家臣が江戸の文物を持ち帰ることで、地方の文化水準も向上しました。

庶民の生活もよくなったのでしょうか？

江戸時代前半の経済発展はめざましく、おおむね生活水準は上がったと思います。国土開発が行われ、田畑の面積は150年で約2倍に拡大。その結果、人口は約1.7～2.6倍に増えました。
陸路、海路が開発され、流通が発達したことも経済を活性化させました。江戸をはじめ城下町が栄えたので、商工業も発達しました。

経済が活発になるにつれて、文化が花ひらいたのですね！

歌舞伎、人形浄瑠璃、浮世絵、相撲と、特に都市の大衆娯楽は大いに盛り上がりました。幕府は風紀を引き締めるという理由で、これらの娯楽をたびたび取り締まりましたが、形をかえて復活してきました。それだけ人々の支持が大きかったのでしょう。歌舞伎や相撲は、現代でも人気があります。
ちなみに、室町時代に成立した能や狂言は武士にも愛されました。江戸幕府に保護され、日本の古典芸能として今日まで受け継がれています。

つくづく政治の安定は社会を発展させる土台なのだと感じます。戦争することで新しい土地を獲得して家臣に与える、というギブ・アンド・テイクがなくても、秩序が保たれたのも納得です。

必要がなければ、武士や庶民が戦いにかりだされることはありません。命や財産を奪われることもないので、人々は生産的な活動に専念できます。
長い間、外国と戦わずにすんだのも幸運でした。だからといって江戸幕府が絶対的な権力者としてあり続けたか、といえばそうではありません。

弱点があったのですね!?

江戸幕府は慢性的な財政難で苦しみました。
初期の江戸幕府は金山・銀山を直轄し、莫大な富を蓄えました。しかし、やがて鉱山の資源は枯渇し、江戸の大火や将軍の政策などで財政はひっ迫していきます。
幕府だけでなく、江戸時代の武士は経済的に苦しみました。

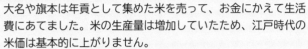
構造的な問題がありそうですね。

経済の仕組みの根底にある石高制が大きな問題でした。
大名や旗本は年貢として集めた米を売って、お金にかえて生活費にあてました。米の生産量は増加していたため、江戸時代の米価は基本的に上がりません。
しかし、経済が活発になると庶民の購買力が上がったので、米以外の物価は上昇しました。安い米価に高い物価、という構造が続きます。武士の収入は多くならないのに、支出は増加する一方でした。石高制のもとでは、武士の経済力が好転するはずはないのです。

どんな制度も、時代に応じて運用しなければいけないことが、よくわかりました。

次は　近代

近代ってどんな時代？① 明治時代

明治維新の変革と近代化への道
欧米諸国の制度・技術を導入した

> 約260年続いた江戸幕府は、19世紀後半に政権を朝廷に返上します。きっかけは、やはり黒船でしょうか？

> 政権が明治新政府に移る約15年前、アメリカのペリー提督が浦賀沖に現れ、幕府に開国をせまります。それ以前も、たびたび外国船が日本近海に出没していましたが、日本社会を大きく動かしたのはペリーの動向でしょう。
> 来航した黒船はみたこともないほど巨大な軍艦で、何門もの大砲を装備し、蒸気で外輪を回し風や波に逆らって進むことができました。

> 当時の日本人は、ほとんど外国の文明に触れていないのですから、さぞや驚いたでしょうねぇ。

> すでに中国はイギリスの侵略を受けていましたから、日本にとってペリー来航は相当な脅威でした。幕府はアメリカの要求をしぶしぶ受け入れ、それを皮切りに諸外国と通商をはじめます。
> これに対して、「外国人を打ち払うべし」という攘夷論が盛り上がり、内政は混乱しました。一方、実際に外国との戦いを経験した薩摩藩や長州藩は力の差を知り、攘夷は非現実的だと気づきます（薩英戦争／四国艦隊下関砲撃事件）。幕府も薩長両藩も諸外国と接近して技術や制度をとりいれていきました。

おしえて！ 先生

しかし、幕府と薩長両藩は同調しなかったのですよね？

幕府は政権を天皇に返上し（大政奉還）、徳川家の権威を残したままの新体制を考えていましたが、薩長などの雄藩は近代化を目指し、明治新政府を樹立します。
日本史上、もっともドラスティックな社会の変化だといえます。

どういうことですか？ これまで何度も権力の移行や体制の転換はあったはずですが…

稲作や漢字、仏教が伝来して以降、中国の影響を受けながら、日本は独自の社会をつくり上げてきました。千年以上もそうして生きてきた日本人が突然、近代化された西欧世界と関係を持つことになったのです。

中国からの価値観と西欧からの価値観が混在するようになったのですね。

幕末から明治にかけて、西欧の文化・文明が流入します。
新橋－横浜間で鉄道が開通したのは、ペリーの来航から20年後、江戸幕府が倒れてからはたったの5年後です。それから大正時代ころまで、日本は西欧の技術をとりいれていきました。

自動車や通信、医療、洋服から民主主義まで、私たちの生活には西欧の技術や価値観に影響を受けたものがたくさんあります。そのはじまりが明治維新だということですね！

明治新政府は、西欧の制度をとりいれながら近代国家の建設に
のりだします。諸大名に領地と領民を朝廷に返す「版籍奉還」
を命じ、ついで「廃藩置県」を断行して、天皇を中心とする強
力な中央集権体制を構築しました。
また、西欧の市民革命のときにつくられた国民軍の考え方で、
四民（士農工商）を平等として「国民皆兵」の軍制を整えます。
武士の身分は実質的に消滅しました。

新政府の指導者たちは、どのように社会をかえていったので
しょうか？

新政府が発足して早々に、岩倉具視や大久保利通、伊藤博文ら
がアメリカやヨーロッパを視察しました。彼らは、国力の差は
経済力の差だと知ったようです。
多くの分野で専門家を「お雇い外国人」として日本に招聘し、
西欧の文化・文明を吸収して産業の振興につとめました。はじ
めは政府が巨費を投じて官営の模範工場をつくって産業を育成
し、後に民間に払い下げて産業を拡大させました。

世界遺産に登録された富岡製糸場などですね！

はい。まずは紡績や製糸といった軽工業で機械生産が定着しま
した。重工業分野は遅れますが、維新から40年ほどで産業革
命が達成されます。

富国強兵の政策もあり、日本は近代的な国家になりつつあった
のですね。

日清・日露戦争では、中国、ロシアといった大国に勝利します。
日本は明治の間に、諸外国に対抗できるような力を持つことと
なりました。
反面、明治末期に大韓帝国を併合するなど、アジアへの拡張が
軍国主義の道へ進んでいったという見方もできます。

黒船を恐れていた日本が、次第に西欧先進国に肩を並べたと。

しかし、経済力と軍事力だけでは、西欧諸国は本当の意味で対
等に付き合ってはくれませんでした。日本は関税を自分で決め
られなかったり、外国人を日本の裁判で裁けなかったりと、幕
末に結んだ不平等条約が解消されず、明治政府の大きな課題と
なりました。

国際的な政治の舞台に参加したのですから、フェアに扱ってほ
しいです。

「近代的な諸制度が整っていない国とは対等な関係にはなれな
い」というのが西欧諸国の考え方だったようです。
たとえば憲法など、西欧諸国のように国家権力を縛る法は、日
本にはありませんでした。

そこで制定したのが大日本帝国憲法（明治憲法）ですね。

はい。現行の日本国憲法ほど民主的ではありませんが、天皇の
権力も明文化し、制限しています。ただ、統治権を総攬するこ

とにはなっていましたが。
貴族院、衆議院が設置され、制限付きではあるものの選挙もはじまりました。

大日本帝国憲法が公布されたのが明治22年ですね。明治維新から20年ほどで、一部とはいえ憲法の中に、国家の政治に国民が参加できる仕組みがつくられたのは驚きです。江戸時代以前には、そんな発想はほとんどなかったでしょうから。

「近代化」という名の西欧化を進めたのが明治時代です。お雇い外国人などを通して、日本人は本当に多くを学びました。
ただ、日本には社会を転換させるだけのベースが、すでにありました。江戸時代には蘭学が発展し、国学や儒学の中からも近代的な思考がうまれていました。寺子屋の普及により、庶民の教育水準は、世界的にみても高かったといわれています。

近代ってどんな時代？② 大正時代〜太平洋戦争

民衆が戦争を支持するようになり
ドロ沼の戦争に人と産業が総動員された

「大正デモクラシー」「大正浪漫」などといわれるように、「大正」には民主主義や文化的な香りを感じます。

日本は明治時代から工業化を進め、経済を大きく発展させました。明治初期には約3300万人だった日本内地の人口は、約50年後の大正末期には6000万人まで増えています。
経済が発展する中で、都市に住む大衆の文化がうまれ、和洋折衷の独特な建築や芸術が登場しました。
新聞や雑誌、ラジオなどのジャーナリズムも発達しました。大正デモクラシーはそんな中で行われた民主主義的な運動です。

大正デモクラシーは実際の政治にどんな影響を与えましたか？

明治時代には、維新に功績のあった薩摩藩や長州藩の実力者が政府の要職を占め、役職を退いても大きな影響力を持っていました。伊藤博文や山県有朋が有名です。
大正デモクラシーの機運が高まると、南部藩（岩手県）出身の原敬が首相に就任し、政党内閣を組織します。原敬は華族の爵位を持たないはじめての首相だったので、「平民宰相」と呼ばれました。
原首相は暗殺されてしまいますが、大正末期の加藤高明内閣で男性の普通選挙が実現します。女性には参政権が与えられなかったので、完全な民主主義とはいえませんが…

それでも、民意が政治に反映される体制は、着実に整っていくのですね。

大正時代はじめの第一次世界大戦は、日本でも社会運動が盛り上がる契機となりました。連合国側（イギリス、フランス、アメリカ、日本など）が、戦争を民主主義と専制主義の戦いだと位置づけたため、世界的に民主主義的風潮が高まったのです。
また、第一次世界大戦は主戦場のヨーロッパには大打撃となりましたが、アメリカや日本の経済成長を加速させました。

世界の主導権を持っていたヨーロッパが、戦争で没落したということでしょうか？

はい。ヨーロッパ諸国が戦争している間、彼らが持っていた東アジアの綿糸や綿織物の市場へ日本が進出しました。また、世界中で船の需要が高まり、造船業が発達するなど、「大戦景気」で経済が大きく発展しました。第一次世界大戦後に成立した国際連盟では、日本が常任理事国に入っています。

日本も国際協調をリードする国になった！

戦争のやり方も大きくかわっていきます。第一次世界大戦は、職業軍人だけが戦うのではなく、国家の人員と産業がすべて動員される総力戦でした。戦車や飛行機、毒ガスなどの新兵器が使用され、甚大な死者数をだしました。
総力戦の惨禍を目の当たりにした参戦国は、戦後に軍縮と国際協調の時代に入ります。度重なる戦争で財政がひっ迫していた日本も、協調路線に同調しました。

国際連盟の設立も、平和を維持しようとする大きな動きですね。けれども、20年ほどで第二次世界大戦に突入してしまいます。なぜ国際協調は続かなかったのでしょうか？

日本国内でいえば、国際協調の方針で軍縮が行われ、軍人の社会的地位は低下しました。かつて軍服姿は憧れの的でしたが、このころは軍服で町を歩くのもはばかられるほどだったといいます。当然、軍人の不満は募ります。
昭和に入ると、この風潮が国際協調に反してテロやクーデターで体制をかえようとする急進的な軍人をうんだともいわれています。

バランスをとりながら物事を進めることが大切ですね。

また、第一次世界大戦後には大戦景気の反動で、戦後恐慌が起こります。日本経済が混乱する中で10万人もの死者・行方不明者をだした関東大震災が追い打ちをかけます。さらに昭和初期には、慢性化した不況による銀行への信用不安から取り付け騒ぎが起こり、金融恐慌へ発展しました。

この時期になると、ますます世界の動向に、日本が左右されているようにみえます。

そうですね。
国内の金融恐慌からまもなく、アメリカの株式大暴落をきっかけに世界大恐慌が起こります。これが、国際協調の流れを大きくかえました。

世界各国は、恐慌にどう対応しましたか？

アメリカは「ニューディール政策」で、公共事業によって雇用をうみだすなどの大規模な経済対策を行いました。
また、イギリスやフランスは「ブロック経済」を採用しました。自国の植民地などの同じ通貨が流通する地域でブロックをつくり、ブロック外からの輸入品には法外な関税をかけたのです。

排他的な経済で、自国の産業を保護できるのはわかります。でも、貿易による利益も得られなくなるのでは？

ブロック内に十分な市場があれば、ブロック外に輸出できなくても経済は回せます。反対にいえば、ブロック内で経済を回せない国は、経済的に非常に厳しくなるわけです。
政策の失敗もあって、昭和の日本経済は大きく混乱します。

国内やブロック内に十分な市場がなく、軍事力がある国は「植民地をつくる」という選択肢をとるかもしれません。

はい、ヒトラーのナチス＝ドイツやムッソリーニのイタリア、日本はその道を選びました。
日本は中国を侵略して「円ブロック」をつくることを目指します。1930年代には、日本が建設した南満洲鉄道を日本軍が自ら爆破し、中国の仕業だといいがかりをつけました。戦争のきっかけをつくって中国軍を攻撃したのです（満洲事変）。
日本は半年ほどで、中国東北部の満洲を占領し、傀儡政権の満洲国をたてます。

軍部の自作自演とはひどい！

自作自演はあとでわかったことですが、国民が侵略戦争を支持したことを忘れてはいけません。
当時、日本が進出していた満洲の権益を守れなくなるのではないか、という危機感が高まっていました。新聞各紙は協調外交路線をとった当時の内閣を「軟弱だ」と非難し、軍の行動を賞賛しました。熱狂的な世論がつくりだされ、当初は軍事行動に消極的だった内閣も、軍部をおさえられなくなりました。

民意が常に正しいとは限らない…

国内政治では、政党内閣を率いていた犬養毅首相を、青年将校らが暗殺する五・一五事件が起こります。海軍大将の斎藤実が首相に就任し、政党内閣は終わってしまいました。
中国との対立がドロ沼の日中戦争に発展すると、国民の物資や労働力を、議会の承認なしで戦争のため動員できる国家総動員法が制定されました。民間の人々が軍需産業に徴用されるようになります。
さらには、ナチス＝ドイツの独裁的な政治体制を目指そうとした大政翼賛会が成立します。

軍事優先の政策が、国民の権利を制限する社会をつくってしまったのですね。

1930年代半ばには、日本は国際連盟を脱退して孤立していきました。かわりにナチス＝ドイツ、イタリアと協定を結びます（第二次世界大戦が始まると日独伊三国同盟に発展）。
さらに日本は中国だけでなく、石油、ゴム、ボーキサイト（アルミニウムの原料）など戦略物資の確保を目指して、東南アジアへも進出しました。
これらの動きがアメリカを刺激し、日米関係は悪化します。
1940年代に太平洋戦争を開戦したのです。

真珠湾への奇襲が成功して、初期の戦局は日本有利に展開したとか。
しかし、やがておし返されていくのですよね。

開戦から半年後のミッドウェー海戦に敗れると、急速に日本は劣勢を強いられるようになります。
太平洋戦争末期には東京大空襲、沖縄本島上陸、広島と長崎への原爆投下と、日本は言葉に尽くせないダメージを受け、開戦から3年9カ月後、ついにポツダム宣言（アメリカ・イギリス・中国が日本軍に無条件降伏などを勧告）を受諾しました。

悲惨な戦争を避ける方法はなかったのでしょうか？

歴史に「もしも」はありませんので検討は難しいですが、国民の声も戦争へ向かうひとつの原動力になったということは忘れてはいけません。
現代は国民主権の時代ですから、私たちの意見が国の未来を決定します。ひとりひとりがしっかりと勉強し、責任を持って未来の姿を考えていく姿勢が大切です。

みんなで議論して、よりよい未来をつくるためにも、歴史がよいヒントになりますね！

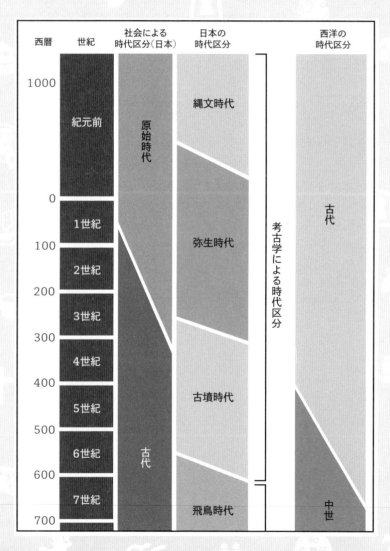

時代区分表

西暦	世紀	社会による時代区分（日本）	日本の時代区分	考古学による時代区分	西洋の時代区分
1000	紀元前	原始時代	縄文時代		古代
0	1世紀		弥生時代		
100	2世紀				
200	3世紀	古代			
300	4世紀		古墳時代		
400	5世紀				
500	6世紀				
600	7世紀		飛鳥時代		中世
700					

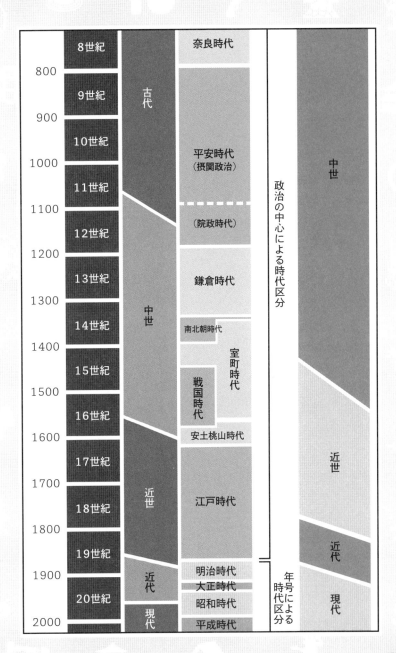

8世紀	古代	奈良時代	
800			
9世紀		平安時代（摂関政治）	中世
900			
10世紀			
1000			
11世紀			
1100	中世	（院政時代）	
12世紀			
1200		鎌倉時代	
13世紀			
1300			
14世紀		南北朝時代	
1400		室町時代	
15世紀		戦国時代	
1500			
16世紀		安土桃山時代	近世
1600	近世	江戸時代	
17世紀			
1700			
18世紀			
1800			近代
19世紀	近代	明治時代	
1900		大正時代	現代
20世紀	現代	昭和時代	
2000		平成時代	

政治の中心による時代区分

年号による時代区分

183

おわりに

　多面的にみると歴史はおもしろい――

　本書を制作する中で、改めて私が感じたことです。

　歴史をテーマ別に「タテ割り」し、4コマのビジュアルストーリーとしてまとめるのが本書のコンセプトです。

　私は高校生が学ぶ範囲の歴史を読み直し、再構成する作業を続けてきました。まずは、「天皇や武士はどんな役割を担ったのか?」「民衆の営みはどのように移り変わったか?」「社会を変えた技術革新とは?」などテーマごとに視点を定めます。教科書に散らばった記述をひろい集め、監修者や編集部のアドバイスをあおぎながら、ひとつひとつストーリーをつくっていきました。

　視点を天皇に置くか、民衆に置くかで、歴史の姿はまったく異なります。いくつもの視点を積み重ねると、日本の様々な側面がみえてきました。同時に、個別のテーマ同士のつながりにも気づきました。技術革新が民衆の暮らしを変え、支配層のあり方にも変革を促す、といった具合にです。多面性を発見し、それぞれの関連性をみいだすことで、日本史の輪郭がみえてくる――私にとって、はっとする体験の連続でした。

　本書は、山川出版社「もういちど読む」シリーズを主な資料としています。社会人として経験を積み、学生時代とは違った気持ちで"もういちど読む"教科書には、歴史を考えるヒントが詰まっていました。私自身の楽しい体験が、読者の皆さんに少しでもお伝えできていれば、これほどの幸せはありません。

　そして、多面的に物事をみることの大切さは、歴史だけに限りません。折しも制作中に緊急事態宣言が発令され、新型コロナウイル

スに私たちの関心は集中しました。医療や経済をはじめ、あまりに多くの要素をはらんだ問題に対し、個人の行動や考え方は大きく異なります。私自身、身近な人に対しても価値観のギャップを感じる機会が少なくありませんでした。

　誰しも自分と相容れない意見は間違いとみてしまいがちで、一方的な批判がいき過ぎれば人と人が分断されかねません。しかし、多面的に物事をみれば、異なる立場の価値観を認め、極端な断絶を避けることができます。

　厩戸王（聖徳太子）は日本初の成文法「憲法十七条」で、人はみな平凡な存在「凡夫」であると説きました。独善的な意見の押しつけでも、無責任な同調でもなく、議論によってよりよい方向を見出す「和」を示しています。

　1400年の時を超え、危機に直面する私たちにこそ、貴重な教訓ではないでしょうか。今こそ、凡夫の自覚と和の精神をもって、未来を考えていくときです。

　なお、本書は山川出版社のWebメディア「HISTORIST」の企画をベースに、書籍向けに内容を発展させたものです。歴史をビジュアルストーリーで描くという取り組みは、HISTORISTが発端となっています。監修いただいた中里裕司先生には、新しい試みを温かく見守りつつも、歴史学としての学問的な側面から大変丁寧なご指導をいただきました。刊行まで根気強くお付き合いいただき、感謝いたします。

　本当にありがとうございました。

2020年10月

小越建典

■主な参考文献

『お米なんでも大百科〈1〉 お米の歴史を調べよう！』(保岡孝之監修，ポプラ社，2002)

『絵本 日本女性史〈1〉原始・古代・中世』(野村育世著，大月書店，2010)

『城館調査の手引き』(中井均著，山川出版社，2016)

『詳説日本史研究』(佐藤信・五味文彦・高埜利彦・鳥海靖編，山川出版社，2017)

『山川 日本史小辞典　改訂新版』(日本史広辞典編集委員会編，山川出版社，2016)

『詳説日本史図録　第8版(日Ｂ309準拠)』(詳説日本史図録編集委員会編，山川出版社，2020)

『新 もういちど読む山川日本史』(五味文彦・鳥海靖編，山川出版社，2017)

『図説 浮世絵入門(ふくろうの本)』(稲垣進一編，河出書房新社，2011)

『図説 古事記(ふくろうの本)』(石井正己著，河出書房新社，2008)

『地図・グラフ・図解でみる　一目でわかる江戸時代』(竹内誠監修，市川寛明編，小学館，2004)

『データブック オブ・ザ・ワールド 2020: 世界各国要覧と最新統計(2020 Vo.32)』(二宮書店編集部編，二宮書店，2020)

『日本史用語集　改訂版　Ａ・Ｂ共用』(全国歴史教育研究協議会編，山川出版社，2018)

『日本の伝統文化２　浮世絵』(小林忠著，山川出版社，2019)

『忍者の歴史(角川選書)』(山田雄司著，角川学芸出版，2016)

『花見と桜 〈日本的なるもの〉再考 』(白幡洋三郎著，八坂書房，2015)

『万葉集ハンドブック—『万葉集』のすべてがわかる小事典』(多田一臣編，三省堂，1999)

『もういちど読む山川日本史史料』(下山忍・會田康範編，山川出版社，2017)

『もういちど読む山川哲学　ことばと用語』(小寺聡編，山川出版社，2015)

『もういちど読む山川倫理』(小寺聡編，山川出版社，2011)

『もういちど読む山川日本近代史』(鳥海靖著，山川出版社，2013)

『もういちど読む山川日本戦後史』(老川慶喜著，山川出版社，2016)

■著者紹介

小越建典（おこしたけのり）

1978年生まれ。雑誌、書籍、Webの記事執筆とともに、企業のオウンドメディアの企画・設計、マーケティング支援を手がける。山川出版社のWEBメディア「HISTORIST」では、インフォグラフィックで歴史の楽しさを紹介するコンテンツを企画している。

主要著書：『LinkedIn人脈活用術 —仕事のアイデアと情報を引き寄せる』（共著，東洋経済新報社，2010）、『売上アップ＆業務効率化のためのスマートフォン対策完全ガイド』（共著，東洋経済新報社，2012）、『コンテンツマーケティングの実戦でみつけた33の法則』（共著，ブレインネットプレス編集部，2015）

■監修者紹介

中里裕司（なかざとひろし）

1949年生まれ。千葉大学人文学部史学専攻卒業。東京学芸大学大学院教育学研究科修士課程社会科教育専攻修了。東京都立日比谷高等学校教諭を退職後、聖徳大学兼任講師・桜美林大学・立正大学非常勤講師を歴任。山川出版社の教科書『詳説 日本史B』の編集協力者。

主要編著書：『近代日本の地域開発—地方政治史の視点から』（共著，日本経済評論社，2005）、『桂園時代の形成 1900年体制の実像』（山川出版社，2015）、『全レベル問題集日本史B 5国公立大レベル』（旺文社，2018）、『日本史の賢問愚問』（山川出版社，2020）

4コマで日本史
日本をみなおす50の視点

2020年11月20日　　1版1刷　印刷
2020年11月30日　　1版1刷　発行

著　者	小越建典
監修者	中里裕司
発行者	野澤武史
発行所	株式会社　山川出版社

〒101-0047　東京都千代田区内神田1-13-13
電話　03（3293）8131（営業）
　　　03（3293）1802（編集）
https://www.yamakawa.co.jp/

印刷所	半七写真印刷工業株式会社
製　本	株式会社ブロケード
装　幀	Malpu Design（清水良洋）
本文デザイン	Malpu Design（佐野佳子）